청와대 마지막 대통령
5년의 외교 비하인드

■ 일러두기

· 이 책은 정제윤, 신진 기자의 취재수첩을 바탕으로 구성한 내용입니다.
  편의상, 각 꼭지별 저자명은 구분해 밝히지 않았습니다.

· 본문에 수록된 사진은 저자들이 찍은 현장 사진과 JTBC의 협조로
  제공받은 캡처 사진입니다.

청 와 대
마지막 대통령

정제윤, 신진 지음

5   년   의
외교 비하인드

JTBC 국제외교안보팀 정제윤, 신진 기자가 취재한 생생한 외교의 순간

파리에서 오랜 동안 국제관계를 공부해온 지인이 해준 말이 있다.

"일본이 왜 G7에서 주도적인 위치에 있지 못한지 아느냐. 다른 서방 정상들이 갖고 있는 인적 네트워크가 없기 때문이다. 그들은 한 다리 건너 아는 사이이고, 심지어는 학교 동문인 경우도 있다. 일본의 총리들은 그게 없다. 또한 무엇보다 언어가 통하지 않기 때문에 다른 정상들이 하다못해 잡담을 하는 사이에도 일본 총리는 외톨이다."

외교라는 것이 문서나 공식 회담, 혹은 실무회담을 통해서만 이뤄지지 않는다는 말을 그는 그렇게 하고 있었다. 때로는 '잡담'을 통해서도 역사는 진행될 수 있다는 것을.

정제윤과 신진은 지난 5년여 동안 우리를 둘러싸고 일어난 그 다이내믹했던 순간들의 이면을 기록했다. 기자는 기록이 업이라 하지만, 이렇게 세세하게 기록을 챙겨두고 있는지는 나도 알지 못했다. 나로서는 이 책에 나오는 많은 사건과 그 시간들을 두 기자와 함께 겪어냈으므로 '내가 모르는 건 엔간해선 없겠지' 하는 마음으로 초고를 열어보았다. 그러나 그건 오산이었다. 이들의 메모들을 좀 더 일찍 꺼내볼 수 있었다면 내가 진행했던 그 많은 뉴스들과 인터뷰도 그 내용이 더욱 풍성해졌을 텐데…… 하는 아쉬움마저 남는다.

이제라도 이 책을 통해 우리가 겪어냈던 일들의 이면까지 알 수 있다는 건 다행스런 일이다. 그래서 또 깨닫게 되는 사실. '기록'은 어떤 경우에든 소중하다. 심지어는 '잡담'까지도!

손석희

"외교 안보 기자로 있으면서 정기자는 남들 10년 동안 있어도 경험 못 할 거 2년 안에 다 한 거야."

한 기자 선배가 내게 건넨 말이다. 맞다. 내가 생각해도 난 운이 좋 았다. JTBC가 최순실의 '태블릿 PC'를 발견하지 못했다면 탄핵도 없 었을 테고, 뜬금없는 시기에 새로운 정권이 창출될 일도 없었을 것이 다. 그러한 기막힌 우연을 거쳐서 문재인 호가 닻을 올렸다.

2017년 5월. 나는 청와대 출입기자가 됐다. 그렇게 예상 못한 시 기에 출범한 새로운 정부가 자리를 제대로 잡기도 전에 상상도 못했 던 일들이 벌어지기 시작했다. 남북 정상이 만나 회담을 하더니 내친 김에 북미 정상회담, 남·북·미 회동까지 말도 안 되는 일들이 줄줄이 벌어졌다. 2018년 말까지의 황금기를 지난 지금은 꿈에서 깬 듯하다. 그 후부터는 현실이었다.

나 또한 청와대 출입기자에서 2019년부터는 외교안보팀의 반장 을 맡으며 외교부와 국방부, 통일부를 총괄하게 됐다. 싫어도 마주해 야만 하는 우리 외교의 현실을 몸소 체험했다. 때로는 기뻤고 때로는 안타까웠으며 때로는 화가 치밀어 올랐던 시간이다. 원조받던 나라에서 이제는 원조를 하는 나라로 발돋움하긴 했지만 여전히 갈 길이 멀다.

외교는 정말 섬세해야 한다. 국가와 국가 간의 일이지만 이 또한 사람이 하는 일, 상대국이 기분 나쁘지 않게 잘 어르고 달래야 하고, 그러면서 받아낼 건 또 받아내야 한다. 전 세계를 휩쓴 코로나19로 인해 외교 상황도 많이 달라졌다. 이 또한 특수한 상황이다.

외교도 서로 만나 얼굴을 직접 보고 해야 일이 성사된다. 예컨대 대통령이 유엔총회에 참석했을 때, 짧은 휴식시간에 다른 나라 정상들과 캐주얼하게 서서 이야기 나누는 그 과정에서 외교성과가 나기도 한다. 그런데 코로나19 이후엔 외교의 기본자세를 갖추는 것조차 어려운 상황이 돼버렸다.

미국과 중국 간 경쟁은 점차 심화되면서 우리의 외교 상황도 더욱 악화되고 있다. 외교 현장에 있어보니 먼 나라 이야기 같던 미중 간 갈등이 결코 남 일이 아니란 것도 알게 됐다. 미국과 중국 사이에 낀 한국은 이러지도 저러지도 못할 때가 많다는 걸 옆에서 지켜봤다. 일본과는 서로 대놓고 싫어한다. 우리 정부 또한 일본에게만은 목소리를 높인다. 일본에는 화를 내도 국내 여론이 나빠질 일이 없기 때문이다.

이 책을 기획하게 된 이유는 두 가지다.

첫째, 누구나 쉽게 외교 안보 이슈에 관심을 갖게 하고 싶었다. 외교 안보라면 대뜸 무거운 주제라고 생각해서인지 대부분의 사람은 그다지 관심이 없다. 하지만 이 책은 무겁지 않다. 나는 전문가가 아니므로 분석과 평가보다는 직접 보고 듣고 겪은 에피소드를 많은 사람에게 소개하고 싶었다. 언론을 통해 보도된 이야기 말고, 커튼 뒤에서는 무슨 일이 있었는지, 우리가 보도를 통해 접한 일들은 어떻게 성사된 것인지를 전하려 한다. 에피소드 식의 이야기들이므로 굳이 외교 안보와 관련된 사전지식이 없어도 마치 소설책 읽듯 쉽게 페이지를 넘길 수 있을 것이다.

둘째, 기록을 남겨야 한다고 생각했다. 지난 5년간 한국이 겪은 외교적 변화는 상당하다. 지금은 북한과의 관계가 다시 교착 상태에 들어섰지만 지난 2018년과 2019년에 남·북·미가 함께 일군 일들은 역사적으로 기록할 만한 가치가 충분하다. "어차피 지금은 죄다 틀어졌는데 그때 잘했던 게 다 무슨 소용입니까?"라고 반문할 분도 많을 것이다. 하지만 지난 5년간 북한에 줄 '당근'에 대한 설계는 일정 부분 완성해놨고, 차기 정부의 대북정책이 변하더라도 이미 설계된 부분을 기반으로 할 가능성이 크다. 미국이나 일본, 중국 등 강대국과의 관계도 변화무쌍했다. 외교의 소용돌이 속에서 정말 많은 일이 있었고, 표면적으로 드러나지 않은 일도 많다. 이제라도 기록해놓아야 추후 일어날 새로운 일들에 대비할 수 있으리라 생각한다. '기록'이 갖는 힘은 생각보다 엄청나기 때문이다.

이 책은 그동안 나와 후배인 신진 기자가 함께 차곡차곡 모아온 정보들로 구성했다. 취재원 보호 때문에 내밀한 이야기에는 실명을 쓰지 않았다. 원고를 집필하다 보니 몇 년 전 이야기들이 마치 어제 일처럼 새록새록 떠올랐다. 여러 장면을 떠올리면 기자이기 전에 대한민국 국민의 한 사람으로서 울컥하고, 감동하고, 답답해하고 화가 났던 순간이 파노라마로 펼쳐진다. 이 책을 통해 독자들께도 우리가 느꼈던 그 감정들이 고스란히 전달됐으면 하는 바람이다.

마지막으로 이 책이 나올 수 있게 도와준 여러 취재원들과 사랑하는 나의 가족에게 고마움을 전하고 싶다.

정제윤

휘몰아친 5년간을 돌아보며

베일에 싸여 있던 김정은 북한 국무위원장이
싱가포르 도심 한복판을 걸어 다녔고,
남북 정상은 손을 맞잡고 군사분계선을 넘었으며,
북미 정상이 함께 산책했다.
2018년은 '한반도의 봄'이었다.

문재인 정부 취임과 함께 임기 초 북한의 도발이 한동안 지속됐지만 2018년 평창동계올림픽을 기점으로 북한과의 평화 무드가 본격 시작됐다. 김정은 위원장의 동생인 김여정 노동당 부부장을 포함한 북한 고위급대표단이 남한을 방문했고, 이후 우리 측에서도 북한에 특사를 파견하며 평화로운 관계를 이어갔다.

같은 해 4월, 문 대통령과 김 위원장이 판문점 남측지역 평화의 집에서 첫 만남을 가졌고, 북한은 약 한 달 후 풍계리 핵실험장도 폐기했다. 두 정상의 두 번째 만남은 핵실험장 폐기 이틀 후 이뤄졌다. 6월엔 사상 처음으로 북미 정상이 만났다. 싱가포르에서의 이 역사적 만남에서 북한은 '완전한 비핵화'를 약속했다. 같은 해 9월엔 문 대통령이 평양을 찾았다. 문 대통령은 평양 능라도 5.1 경기장에서 '비핵화'와 '한민족'을 강조하는 연설을 했다. 15만 평양 시민들이 이 모습을 지켜보았다. 문 대통령 부부는 김정은 위원장 부부와 함께 백두산도 올랐다.

이 모든 일이 2018년 한 해 동안 일어났다. 당시 전 세계의 이목은 당연히 한반도에 집중되었다.

역대 미국 대통령들과는 달라도 너무 달랐던 도널드 트럼프 미국 대통령의 '직설적'이고 '즉흥적인' 스타일은 김 위원장과의 만남을 실제로 성사시켰고, 만남 이후에도 북미 간 친서 등의 소통이 꾸준히 이어졌다.

아쉽게도 이런 평화의 분위기는 그리 오래가지 못했다. 2019년 2월 베트남 하노이에서는 북미 간 만남이 한 번 더 이뤄졌지만, 이 회담은 싱가포르에서의 첫 만남 때와는 분위기가 달랐다. 협상이 결렬되면서 결국 북미 정상은 결과물 없이 빈손으로 회담장을 떠나야 했다. 이후 남북 관계도 편치는 않았지만 관계의 끈을 놓지는 않았다. 같은 해 6월, 남·북·미 정상들이 극적으로 한자리에 모였다. 물론 이때도 트럼프 대통령의 '즉흥적인 추진력'이 상당 부분 작용했다. 판문점에서 북미 정상은 다시 한 번 회담했고, 이때 문 대통령은 회담엔 참여하지 않고 사실상 '주선자' 역할만 했다. 이 만남 역시 실제 결과물로 이어지진 않았고, 결국 같은 해 10월 김정은 위원장이 "금강산 남측 시설을 싹 들어내라" 지시하면서 남북관계 또한 '암흑기'로 접어든다.

그렇게 악화일로로 치닫던 남북관계를 상징적으로 보여주는 사건이 결국 2020년에 터졌다. 2020년 6월 16일, 북한이 대북 전단 살포를 문제 삼으며 개성의 남북연락사무소를 폭파한 것이다. 남북 협력과 화해의 상징이던 건물이 거대한 폭발음과 함께 뿌연 연기 속에 무너져 내리는 모습은 당시 큰 충격이었다. 북한은 남북 사이의 모든 연락선을 차단하겠다고 선포했다. 이후 2021년 10월 북한이 연락선을 복구하기까지, 16개월 동안 남북관계는 그야말로 얼어붙었다. 본격적인 단절의 시기였다.

코로나19로 인한 팬데믹은 관계 개선을 더 어렵게 만들었다. 북한이 유례없는 봉쇄 정책을 취했기 때문이다. 바닷물로도, 날아가는 새로도 바이러스가 전달될 수 있다며 국경을 틀어막고 인도적 지원을 비롯한 모든 물적·인적 교류를 멈췄다. 2020년 9월에는 서해상에서 우리 해수부 공무원이 북한군에게 피살되는 사건까지 벌어졌다. 2021년 당선된 조 바이든 미국 대통령은 새 행정부를 꾸리면서 더는 트럼프식 이벤트성 북미 정상회담은 없을 것이라며 쐐기를 박았다. 2021년 10월 남북 연락선이 일부 복원되기도 했지만 유의미한 교류는 오가지 못했다. 미국은 강경한 태도를 보이면서도 '조건 없는 대화'를 열어놓았고 한국 정부와 종전선언 문안을 구상하기도 했지만 별다른 관계의 진전은 없었다.

오히려 북한은 2022년 벽두부터 잇따른 무력도발로 응수하고 있다. 급기야 신형 대륙간 탄도미사일 화성-17형 시험 발사를 대대적으로 홍보하며 무력 과시에 나섰다. 지난 몇 년간 공들인 문재인 정부의 '한반도 평화 프로세스'가 원점으로 돌아간 게 아니냐는 목소리가 나왔다. 비록 비핵화는 이루지 못했다 하더라도 '상황 관리'는 되고 있다는 것이 정부의 마지막 보루였는데, 북한이 기어코 레드 라인을 넘으면서 그런 주장이 무색해진 셈이다. 임기 말까지 한반도 평화 프로세스의 불씨를 살리려는 문재인 정부의 노력이 좌절된 순간이기도 하다.

비슷한 시기, 동아시아 이웃 국가들과의 관계도 어렵긴 매한가지였다. 일본에선 '한국 때리기'를 내부 정치에 이용하며 점점 극우로 치닫던 아베 정권이 막을 내리고 스가 요시히데 총리가 부임했다. 하지만 과거사 문제부터 경제 교류까지, 풀릴 기미는 보이지 않는다. 우리 정부는 2021년 3.1절을 계기로 유화 제스처를 보냈지만 소용없었다. 일본은 여전히 '한국이 답안지를 가져오라'라는 기본 입장을 고수하고 있다. 그런가 하면 중국에선 한복과 갓, 김치 등 한국의 전통 유산이 중국에서 기원했다는 주장이 나왔다. 또 다른 역사 갈등의 막이 올랐다.

다사다난한 시기였지만 빛나는 순간도 분명 있었다. 공식적으로 선진국 반열에 올랐다는 점이 그러하다. 2021년 7월, UN 무역개발회의는 한국을 개발도상국에서 선진국으로 격상시켰다. 그해 8월, 정부는 탈레반이 점령한 아프가니스탄 수도 카불에서 현지인 조력자 391명을 성공적으로 탈출시켰다. 코로나19로 온 나라에 짙은 어둠이 드리운 시절, 잠시나마 빛났던 소식이었다.

휘몰아친 5년의 외교사를 이어받은 새 정권의 어깨는 상당히 무거울 것으로 보인다. 원점으로 돌아간 남·북·미 관계를 되살리고, 러시아의 우크라이나 침공 사태로 더 복잡해진 열강들의 세력 다툼 속에서 영민한 외교로 실리를 챙겨야 하며, '진짜' 선진국으로서 한 발짝 나아간 모습도 보여야 하니 말이다.

목차

1장 ──────────────────────────────

다이내믹 2018~2019

싱가포르 회담부터 남·북·미 판문점 회동,
하노이 회담까지 절대 가능할 것 같지 않던 일들이
약 1년 반 동안 한꺼번에 일어났다.
2018년과 2019년 사이 우리에게 찾아왔던
'한반도의 봄'은 정상들의 결단이 있었기에 가능했다.
그리고 그 결단이 있기까지 물밑에선
정말 많은 대화가 오갔다. 영원할 것만 같았던
'한반도의 봄'은 결과적으로 그리 길지 않았지만,
그 '봄'과 맞닥뜨렸던 당시는
모두가 꽃내음에 취해 바삐 움직였다.

1장

다이내믹 2018~2019

1장에선 문재인 정부의 남·북·미 관계를 이야기한다.
남북, 북미, 남·북·미가 어떻게 만날 수 있었고,
또 그렇게 되기까지 무슨 일들이 있었는지,
그 이면에 잘 알려지지 않았던 이야기들을 공개한다.

"김정은이 혹시 술을 많이 마시거나
약을 하진 않습니까?"

2017년은 북한의 도발로 한반도가 잔뜩 경색돼 있던 해였다. 5월에 취임한 문재인 대통령에게 최우선 과제 중 하나는 북한이었다. 북한의 대륙간탄도미사일 ICBM 발사 등으로 미북 간 긴장은 최고조에 달했다. 미국은 9월 전략폭격기 B-1B 랜서 등을 북방한계선^{NLL} 너머로 보내며 북한에 경고를 날렸다.

한국과 미국은 머리를 맞대야 했다. 취임한 지 얼마 되지 않은 한국과 미국의 대통령 둘은 당장 눈앞에서 벌어지고 있는 북한의 위협에 대응해야 했다. 지금껏 우리가 볼 수 없던 스타일을 보여준 도널드 트럼프 전 대통령은 대통령으로서의 진중함보다는 직설적인 발언으로 많은 이들을 깜짝깜짝 놀라게 하곤 했다. 어찌 보면 그런 독특한 성격이 북한의 김정은 국무위원장과 직접 대면하게 만든 배경이 된 것 같기도 하다. 어쨌든 2017년은 한반도 상황이 극도로 안 좋았기 때문에, 그해 9월 한미 정상 간 통화도 덕담을 주고받는 정도의 형식적인 통화를 나눌 처지가 못 되었다.

정상 간 통화는 거의 알려지지 않지만, 이 내용을 접할 수 있었던 관계자로부터 전해 들은 이야기는 이러했다. 당시 트럼프 전 대통령이 먼저 문 대통령에게 통화를 요청했고, 이에 청와대 관계자들은 꽤나 긴장했다고 한다. 혹시 트럼프가 '선제타격' 등의 극단적인 이야기를 꺼낼까 봐서였다. 다행히 시작은 나쁘지 않았다는데, 문 대통령에게 "친구가 된 것을 정말 기쁘게 생각한다"라며 친근하게 대화를 시작했다고. 그러면서 질문을 던졌는데 그 질문이 굉장히 황당하다.

"혹시 김정은이 약이나 술에 취해 있을 가능성은 없습니까?"

그 목소리는 분명 농담이 아니었다. 정말 정색하고 김정은의 정신 상태와 관련한 의심을 문 대통령에게 물어본 것이다. 이 같은 '황당한 질문'에 대통령도 난감했을 수밖에. 배석한 참모진도 마찬가지였다. 이에 문 대통령은 뭐라고 대답했을까. 대통령은 'irrational(비이성적인)'이라는 단어를 사용해 답했다고 한다.

추정일 뿐이지만, 김정은이 연이어 무력도발을 시도하는 행태가 '비이성적인 행동'임을 트럼프에게 강조하기 위한 대답이었던 것으로 보인다.

돌이켜보면 2018년은 어느 때보다 한국에 전 세계적 관심이 집중됐던 해다. 특히 외교관들은 한국과 무관한 자리에서도 한국 이슈가 빠짐없이 거론되는 장면을 직접 목격하면서 그 관심의 크기를 실감했다는데, 다소 엉뚱한 자리에서 남북관계가 언급된 사례도 들었다.

2018년 8월, 리비아 무장단체에 한국인 한 명이 피랍되자 정부는 급히 리비아에 특사를 파견했다. 당시 리비아는 극심한 내전과 부족 간의 분란으로 상당히 어수선하던 정국이었다. 외교부 관계자에 따르면, 특사가 그 부분을 걱정스러워했더니 리비아 정부 당국자는 대뜸 이렇게 대꾸했다고 한다.

"리비아에 문제가 많은 건 맞지만 남북관계보다는 낫지 않나요? 우리는 핵무기도 없습니다."

웬 동문서답인가, 불쾌하게 들릴 법한 발언이었지만 속사정을 듣고 보니 얼굴 붉힐 일은 아니었던 것 같다. 기본적으로 리비아 정부는 한국 정부에 상당히 우호적이어서 피랍 문제에도 적극 협조했다고 한다. 남북관계에도 관심이 높아, 단지 뜻하지 않은 시점에서 북핵 발언이 튀어나와 놀랐을 뿐이라는 것이다. 그만큼 전 세계의 이목이 북핵 문제에 쏠려 있는 방증이었다고 봐도 무방할 것 같다.

미국 등 주요 국가 정부 기관에서 한국어 능통자에 대한 수요가 늘어난 것도 주목할 현상이다. 당장 미국 국무부에서도 한국어를 잘하면 채용에 유리했다는 전언이다. 당시 일본 대사관 관계자는 기자에게 "미국뿐 아니라 중국, 일본 정부에서도 한국어를 잘하는 사람을 많이 필요로 했다"라고 전했다.

2018년 8월부터 활동한 비건 전 미국 대북정책특별대표를 밀착 수행하며 브레인 역할을 한 인물도 한국계인 '케빈 킴' 선임 보좌관이다. 비건 대표는 방한할 때마다 묵직해 보이는 서류 가방을 늘 가지고 다녔다. 카운터파트인 이도훈 당시 외교부 한반도평화교섭본부장과 만날 때는 국무부 표식이 새겨진 두툼한 서류 뭉치를 들고 나타나 도대체 저게 무엇일까, 궁금증을 일게 했다. 외교부 관계자에 따르면 협상에 직접 쓰이는 자료는 아니었다고 한다. 이 본부장과의 논의에 직접 활용할 파일은 아니지만 개인적인 공부를 위해 '참고용'으로 항시 갖고 다녔다는 것이다. 그만큼 비건 대표는 꼼꼼한 노력파로 알려져 있다.

북한 문제는 유독 복잡하고 어려운 것이 사실이다. 단순히 정치적 이해관계와 역사적 맥락만 이해해선 수박 겉핥기에 그칠 수밖에 없다. 핵 개발과 관련한 과학적 지식과 북한 특유의 사고방식, 독특한 의사결정 구조 등도 익혀야 한다. 케빈 킴 보좌관은 비건 대표를 그림자처럼 따라다니며 '북한 스터디'를 도왔다고 한다. 협상 때나 중요한 자리에서 비건 대표가 "아, 그게 어디에 있지?"라고 물으면 옆에서 즉시 해당 내용을 찾아줬다는 것이다.

2017년 5월 미국 중앙정보국CIA의 코리안미션센터가 만들어진 배경에도 비슷한 맥락의 스토리가 있다. CIA가 특정 국가에만 집중된 조직을 만든 건 그때가 처음이다. 도널드 트럼프 대통령이 취임 후 폼페이오 국무부 장관에게 "북한에 대해 좀 아느냐"라고 물었는데 장관은 만족스러운 대답을 못 했던 모양이다. 이후 그가 작정하고 미국 내 한국 전문가 300여 명을 모아 만든 것이 바로 코리아미션센터다. 미국과 북한이 '화염과 분노fire and fury'로 대변되는 살벌한 대치를 이어가던 상황에서 만들어진 이 센터는, 앤드류 김 센터장을 필두로 폼페이오 장관의 평양 방문을 추진하는 등 북미 관계 진전에도 큰 역할을 했다.

지금은 중국미션센터가 신설되면서 그쪽으로 흡수돼 사실상 와해된 상태다.

"제가 잘하고 있는 거죠?"

도보다리 브로맨스

핵실험부터 ICBM, 선제타격론 등 수많은 고비와 긴장 끝에 찾아온 2018년은 그야말로 '한반도의 봄'이었다. 지금 생각해보면 길지 않은 그 기간에 펼쳐졌던 역사적 장면들이 꿈처럼 느껴질 때가 있다.

2018년 4월 27일.

경기도 고양시에 마련된 '남북 정상회담 프레스센터'는 국내외 3천여 명의 취재진으로 가득 찼다. 정말 취재 열기가 느껴지는 그야말로 '현장'이었다. 남북 정상이 정상회담을 하는 곳은 판문점이었지만 모든 취재진이 판문점에 가 있을 수 없는 만큼 이런 대형 이벤트가 있을 때 기자들은 '풀'이라는 걸 만든다. 즉, 해당 행사에 기자단 대표로 가서 현장 모습을 기록하고 취재한 뒤 기자단에게 전달해주는 방식이다.

남북 정상회담의 경우, 청와대 기자단에서 대표 '풀단'을 구성한다.

때문에 몇 명의 기자들을 빼고는 전부 프레스센터에서 실시간으로 들어오는 현장 화면을 봐야 했다. 프레스센터에는 대형 스크린 2개가 설치되었고 이 스크린을 통해 판문점 현장 화면이 중계됐다. 전 세계에서 몰려든 방송사들은 센터 곳곳에 마련된 방송 무대에서 중계에 여념이 없었다. 그렇게 분주하게 돌아가던 프레스센터가 '일시 정지'된 순간이 있다.

9시 28분.

판문점 북측 구역인 판문각에서 김정은 위원장이 모습을 드러냈다. 프레스센터에선 환호성과 박수가 터져 나왔다. 여러 복합적인 감정이었을 거다. 김정은이 북한 매체를 통해서가 아니라 우리 눈앞에 실제 나타났다는 것에 대한 신기함. 그리고 '정말 남북 간에 뭔가가 이루어질 수도 있겠다'라는 기대감. 이런 감정들이 뒤섞인 듯했다. 김정은이 판문각 계단을 천천히 내려왔다. 얼굴에는 옅은 미소를 띠고 있었다. 문재인 대통령과 손을 맞잡았다. 프레스센터 여기저기선 카메라 셔터 소리로 요란했다. 두 정상은 손을 맞잡고 대화를 나눴다.

사실 당시 프레스센터에선 아무리 귀를 기울인다고 해도 두 정상의 대화 내용이 잘 들리지 않아 답답했다. 이후에 다 알려진 내용이지만 문 대통령이 김 위원장에게 "남측에 오시는데 나는 언제쯤 넘어갈 수 있겠습니까"라고 말을 건넸고, 이에 김 위원장이 "그럼 지금 넘어가 볼까요?"라고 했단다. 그러면서 예정에 없던 일이 벌어졌다. 김 위원장이 문 대통령의 손을 이끌고 군사분계선을 살짝 넘어갔다가 온 거다. 그가 정말 쇼맨십이 강한 사람이라는 걸 이때 처음 느낀 것 같다. 사실 그전까지 북한 매체를 통해 보이는 게 다였기 때문에 의도적으로 연출된 모습만 볼 수밖에 없었다. 그런데 실제 '라이브' 상황에서 김 위원장을 겪어보니, 그의 제스처들은 마치 잘 써진 각본 같았다. 애드리브에 강한 스타일이라고 할까? 아무튼 4.27 남북 정상회담 이후에도 김정은의 쇼맨십이 드러나는 사례들은 여러 차례 있었다.

2018년 4월
프레스센터에서 지켜본
남북 정상회담 장면

이날 정상회담의 하이라이트는 단연 '도보다리'였다. 이 '역사적 장면'을 만든 사람은 윤재관 전 청와대 국정홍보비서관이다. 청와대 의전비서관실 행정관으로 있으면서 '도보다리' 아이디어를 냈고, 이후 그 공을 인정받아 부대변인이 됐다. 부대변인으로 발탁된 뒤 처음 기자들 앞에 섰을 때의 소감도 "소통의 도보다리를 놓겠다"였다. 내 사견으로는 '도보다리'라는 장소를 생각해낸 것도 좋았지만, 특히 더 높은 점수를 주고 싶은 건 곁에 수행비서조차 없이 '단둘'이서만 이 다리에서 산책하게 했다는 점이다.

두 정상이 산책하는 동안 프레스센터에 있던 기자들은 대형 스크린을 통해 그 모습을 지켜보았다. 최대 관심사는 당연히 '두 정상이 무슨 대화를 나누는가'였지만 불행히도 대화 소리는 들리지 않았다. 목소리의 주인공은 따로 있었는데 바로 새들이다. 특히 두 정상이 도보다리 한 쪽에 마련된 테이블에 앉아 대화를 나눌 때는 새소리가 더 크게 들리는 것 같았다. 나중에 언론들은 김 위원장의 '입 모양' 판독에 공을 들이기도 했다. 정면으로 카메라에 잡힌 건 단 4분이었는데, 이때 김 위원장이 무슨 말을 했는지 입 모양을 통해 분석한 것이다. 독순술 전문가들은 '트럼프', '핵 같은 것을', '관광사업별로 뭔가', '아버지가 저 여자랑 결혼하라고' 등을 읽어냈다. 특히 '도보다리 밀담'에서는 김 위원장이 주로 묻고, 문 대통령이 대답하는 모습을 보였다. 정상 간 대화이지만 나이 차도 많고 연륜도 달라서 형과 아우의 모습을 보는 것 같기도 했다.

회담이 끝나고 한참이 지난 뒤, 한 관계자에게 이런 말을 전해 들었다. 당시 김 위원장이 문 대통령에게 "제가 잘하고 있는 거죠?"라고 물어보았단다. 물론 도보다리 위엔 북한 사진사만 있었기에 정확한 문장은 아닐 수 있다. 다만 이런 취지의 이야기를 문 대통령에게 했다는 것인데, 그만큼 김정은 본인도 전 세계에 모습을 드러낸 것 자체가 매우 부담스러웠던 걸로 보인다. 본인의 아버지도, 할아버지도 걷지 않았던 길을 처음 가보는 것이니 말이다.

도보다리에서 나눈 이야기를 이후에 어떻게 정리했는지도 궁금했다. 통상의 정상회담이었다면 당연히 옆에 속기사가 자리하고 이후 속기록이 정리됐을 텐데, '도보다리 밀담' 때는 새와 사진사 외엔 주위에 아무도 없었기 때문이다. 알아보니, 이때 오간 내용을 정리하기는 했는데 오롯이 문 대통령의 기억에 의존할 수밖에 없었다고 한다. 회담이 끝나고 나서 대통령은 무슨 이야기를 했는지 주요 참모들과 공유했고, 이때 간이 속기록 형태로 당시 나눴던 대화 내용이 정리됐다는 것이다. 이 기록물은 15년~30년 후에나 공개되겠지⋯⋯.

김여정 방남 준비 목록에는
"'엄마손 밥집' 찾기"

북한 김정은 위원장의 여동생인 김여정 노동당 제1부부장의 첫 방남 소식으로 청와대는 분주했다. 당시 청와대 출입기자였던 나도 덩달아 설렜다. 역사의 큰 획을 그을 수도 있는 대형 이벤트들이 기다리고 있을 것 같았기 때문이다. 김여정을 포함한 북한 고위급 대표단은 평창 동계올림픽 개회식에 참석하기 위해 방남했다.

2018년 2월 9일, 오후 1시 46분. 김여정 부부장과 함께 북한 고위급 대표단이 인천공항에 도착했다. 김여정은 검정 코트와 털목도리를 두른 모습이었다. 3명의 북측 기자들을 앞세우고 공항에 들어선 북한 대표단의 모습이 생중계 화면을 통해 전해졌다. 북한 대표단엔 당시 북한 헌법상 국가수반인 김영남 최고인민회의 상임위원장, 최휘 국가체육지도위원장, 리선권 조국평화통일위원장 등이 포함돼 있었다.

김여정은 고개를 살짝 들고, 옅은 미소를 띠고 있었다. 의전실에서 기다리고 있던 조명균 당시 통일부 장관이 북한 대표단을 반갑게 맞이했다. 다음은 의전실에서 오간 대화다.

김영남: 여기서 기다립니까?

조명균: 5분 정도 계시면 될 것 같습니다.

　　　(김영남이 김여정에게 1인용 소파를 가리키며 앉으라 권하자, 김여정
　　　은 웃으며 김영남에게 먼저 앉을 것을 권했다. 조명균 장관 반대편에
　　　김영남이, 김여정은 김영남 오른편에 앉았다.)

김영남: (웃으며) 그림만 봐도 누가 남측 인사고 누가 북측에서 온 손
　　　님인가 하는 것을 잘 알겠구만. 지금 대기 온도가 몇 도나 됩니
　　　까?

현장 관계자: 15도입니다.

조명균: (날씨가) 많이 풀렸습니다.

김영남: 평양 기온하고 별반 차이 없네.

조명균: 며칠 전까지도 꽤 추웠는데 북측에서 귀한 손님이 오신다
　　　고 하니 날씨도 그에 맞춰 따뜻하게 변한 것 같습니다.

김영남: 예전에 우리가 동양예의지국으로 알려진 그런 나라였는데
　　　이것도 우리 민족의 긍지 중 하나라고 생각됩니다.

의전실에서 김여정은 말을 아꼈다. 다만 '백두혈통'답게 시종일관
도도한 모습을 유지했다. 20여 분간 환담을 마친 뒤 북한 대표단은 평

창행 KTX를 타러 갔다.

김여정의 2박 3일간 방남에는 많은 준비가 필요했다. 청와대 내부 고민 중 하나를 뒤늦게 들었는데, 김여정과 함께 만찬을 할 장소 선정이 그것이었다. 북한 대표단이 북한으로 돌아가기 직전에 임종석 청와대 비서실장 등 남측 관계자들과 함께 외부 만찬을 갖기로 예정돼 있었기 때문이다. 무조건 고급스러운 곳을 갈 수도 없는 노릇이었다. 뭔가 '특별함'이 필요했던 것인데, 그래서 검토했던 식사 콘셉트가 바로 '엄마손 밥집'이었다. 엄마가 집에서 직접 만들어주는 듯한 느낌의 '따뜻하지만 정감 가는' 그런 음식 말이다. 김여정이 엄마 밥을 먹으며 지낼 기회가 없었으니 남한에 와서 그런 따뜻한 정을 밥 한 끼에서라도 느낄 수 있게 해주자는 것이었다.

하지만 그런 '느낌', 즉 'Feel'을 충족시켜줄 만한 음식점을 찾기란 너무도 어려웠다. 실제 실무선에서 검토됐던 음식점 두 곳은 충무로에 있었다(식당 이름을 듣긴 했으나 밝히진 않겠다). 내 주관적인 견해지만 음식을 맛깔스럽게 하는 곳들이었다. 다만 두 곳의 분위기는 많이 다른 편인데, 한 곳은 상대적으로 더 고급스럽고 귀한 손님을 대접하는 느낌이 나고, 다른 한 곳은 분위기는 조금 어수선하달 수도 있지만 좀 더 정감이 가는 그런 곳이다. 어쩌면 벌써 눈치챈 독자도 있을지 모르겠다.

아무튼 '느낌'이나 '분위기' 외에도 신경 써야 할 부분은 '경호 문제'

였다. 북한의 고위 인사들이 총출동했는데 방남 중 의전사고가 날 경우, 남북관계에 악영향은 불가피해진다. 때문에 충무로 부근 이외에 원래 남산 부근의 식당들을 먼저 알아봤던 걸로 전해졌다. 그쪽이 경호에 더 용이하기 때문이다. 그러나 '엄마손'을 느낄 만한 식당을 찾지 못했고 그래서 결국 최종 선정된 장소가 반얀트리 호텔이다. 고급스러운 장소이긴 하지만 원래 취지와는 많이 달라진 셈이다. 결국 '분위기'와 '경호' 중 후자에 무게를 둔 선택이었다.

그나마 다행인 건, 만찬이 있기 전날 청와대 오찬에서 '집밥' 느낌의 음식을 맛보았을 것이다. 당시 오찬의 주메뉴는 황태 요리였다. 그 외에 남한을 대표하는 여수 갓김치와 북한을 대표하는 백김치가 올랐다. 또 오찬 건배주는 제주의 한라산 소주, 후식으로는 천안 호두과자와 상주 곶감이 나왔다. 청와대 관계자는 "한반도의 8도 음식이 다 들어갔다"라고 설명했다. 이런 자리에 등장하는 메뉴는 단순히 편안함, 정겨움, 맛으로는 부족하다. 김치 한 점, 술 한 잔에도 많은 의미를 부여할 수밖에 없기 때문이다.

밥 먹으면서도 김정은에게
실시간 보고하는 북한 사람들

2018년 2월은 평창동계올림픽 관련 행사 참석차 북한 고위층들이 여러 차례 방남한 달이다. 북한 김영철 통일전선부장도 평창동계올림픽 폐막식 참석차 2박 3일 일정으로 내려왔다. 단순히 올림픽 폐막식에만 참석하기 위해서라기보다는, 우리 대표단과 남북관계 개선을 위한 여러 방안을 논의하기 위함이 더 컸다. 김영철이 내려온다는 소식이 전해지자 보수층이 반발했다. 천안함 사건 당시 정찰총국장이던 인물이기 때문이다.

김영철이 남북출입사무소에 도착하자 기자들의 질문이 쏟아졌다.

"천안함 사건에 대해 어떻게 생각하십니까?"

김영철은 굳은 표정으로 아무 말 없이 차에 올라탔다. 그의 일행이 묵은 숙소는 서울 워커힐 호텔이었다. 숙소까지 가는 길도 순탄치 않았다. 파주 통일대교 남단에선 김무성 등 자유한국당 의원들이 자리를 깔고 앉아 있었다. 김영철 방남을 막겠다며 연좌 농성을 벌이고 있는 거였다. 호텔에 무사히 도착하기는 했지만 김영철 일행은 2박 3일간 숙소에서 한 발짝도 나오지 않았다. 밖으로 나온 장면이 최소한 기자들 눈에 띈 적은 없다.

김영철 일행이 묵을 당시, 워커힐 호텔 주변은 경찰 차량으로 꽉 차 있었다. 일행은 방남 첫날 워커힐 호텔 내에 별채인 '애스톤 하우스'에 묵었는데 이곳의 숙박비는 1박에 1500만 원가량으로 알려져 있다. 또 호텔 17층도 2박 3일간 통째로 빌렸다. 단지 숙박 목적뿐 아니

북한에서 고위급이 오면 묵는 숙소 중 한 곳이 서울 광진구에 위치한 워커힐 호텔이다. 지난 2018년 평창동계올림픽 개막식과 폐막식 참석차 방한했던 북한 고위급들, 당시 김여정 노동당 부위원장을 비롯해 김영남 최고인민회의 상임위원장, 김영철 노동당 부위원장 일행 등이 모두 여기에 묵었다. 1980년대와 1990년대에 남북 인사들이 비밀리에 접촉할 때도 워커힐은 만남의 장소였거나 북측 인사들이 묵는 숙소로 사용됐다.

워커힐 호텔이 북한 고위급들의 숙소로 애용되는 이유는 경호 때문이다. 다른 특급 호텔들은 대개 도심 한복판에 있는 반면, 워커힐은 서울이지만 중심과는 좀 떨어진 아차산 자락에 있다. 차량을 이용하면 청와대와 그리 먼 거리도 아니다. 호텔 입구가 좁아서 입구만 막으면 일반인이 쉽게 드나들 수 없는 구조여서 경호가 비교적 용이하다. 역으로, 북한 인사들의 방남을 반대하는 시위대가 호텔 진입로를 막아버릴 경우엔 호텔에 고립될 수도 있다는 단점도 있다.

라 남측 인사들과의 만남, 회의 등도 이곳에서 이뤄졌을 걸로 보인다. 일행은 모든 걸 호텔 내에서 해결했기 때문에 식사 또한 최소 다섯 끼는 호텔에서 해결한 것으로 전해졌다. 주로 룸서비스를 시켜 먹거나 호텔 내 식당을 이용한 것으로 알려졌다. 이렇게 호텔에서 한 발짝도 안 나왔던 이유는 사실 보안 문제가 컸겠지만, 방남 목적이 우리 측 관계자들과의 협의였던 만큼 시간을 절약하려고 했던 측면도 있어 보인다. 실제 우리 관계자들이 워커힐로 가서 협의를 했다.

북한과 협상테이블에 앉아본 관계자들이 이구동성으로 전하는 북한의 특이한 협상 스타일이 있다. 그중 하나가 협상 도중에 한 명씩 자리를 비우는 것인데, 김영철이 우리 관계자들과 만나 식사하면서 협의했을 때도 그런 일이 있었다고 한다. 당시 그 자리에는 최강일 북한 외무성 북미국 부국장과 김성혜 조국평화통일위원회 서기국 국장도 함께 있었는데, 이들도 식사 도중 차례로 사라졌다가 자리로 돌아왔다는 것이다. 나중에 알고 보니 김정은 위원장에게 보고할 보고서를 실시간으로 작성해야 해서 잠깐씩 자리를 비웠던 것이었다. 그렇게 거의 실시간으로 채워진 보고서는 김영철의 최종 점검을 거치고, 식사가 끝날 즈음엔 이미 거의 완성된 상태가 된다. 그 뒤에 곧바로 김정은 위원장에게 전달되기 때문에 사실상 실시간으로 보고되는 것이나 마찬가지였다.

"평양냉면 멀리 온,
  멀다 하면 안 되갔구나"

4월 남북 정상회담의 '완전한 비핵화' 합의보다 더 화제가 됐던 건 사실 '평양냉면'이다. 김정은 위원장은 문 대통령과 회담 중에 만찬을 위해 평양에서 냉면을 가져왔다며 편안한 분위기를 만들며 대화를 이어 갔다.

"어렵사리 평양에서부터 평양냉면을 가져왔습니다. 가져왔는데 대통령께서 좀 편한 마음으로 평양냉면 멀리 온, 멀다 하면 안 되갔구나……."

북한의 대표 냉면은 '옥류관 냉면'이다. 실제 평양을 방문했던 사람들이 꼭 들르는 곳이 옥류관이다. 내 주변에 평양 옥류관에서 냉면을 맛본 사람들 이야기를 들어보면 우리가 평소 접하는 평양냉면보다 면이 검고, 좀 질기다고 한다. 함흥냉면과 우리가 아는 평양냉면의 사이

쯤 되는 맛이라는 게 직접 맛을 본 지인의 설명이다.

옥류관 평양냉면의 상차림

북한은 이 냉면을 뽑는 옥류관의 제면기도 직접 들고 왔다. 제면기는 판문점 통일각에 설치됐고 정상회담 후 만찬 메뉴로 이 평양냉면이 등장했다. 옥류관 수석요리사도 군사분계선^{MDL}을 넘어와 만찬을 준비했다. 옥류관 냉면 아이디어는 문 대통령이 낸 거라는 게 청와대의 설명이다. 문 대통령이 이런 아이디어를 제안했고 북측이 흔쾌히 받아들였다는 것이다.

환영 만찬은 27일 오후 6시 30분에 시작됐다. 그런데 주메뉴 중 하나인 평양냉면이 나온 시각은 오후 8시 40분 정도가 되어서였으니, 계획보다 많이 지연된 것이다. 만찬 장소는 '평화의 집'이었는데 통일각에서 뽑아낸 냉면을 연회장까지 운반하는 데 시간이 꽤 걸렸다고 한다. 심지어 만찬이 있기 이틀 전엔 냉면 운반 연습도 했는데 음식 준비 시간과 운반 시간 등이 생각대로 되지 않은 것이다. 실제 북측 관계자들도 당시 본래 맛을 내지 못했다고 아쉬워했다고 한다.

사실 '평양냉면'과 관련해서는 앞서 언급한 김정은 위원장의 발언, 즉 '김정은식 유머'가 갖는 의미가 더 중요하다. 김 위원장이 평양냉면을 가져왔다고 이야기하면서 "멀다 하면 안 되갔구나"라고 한 건 그만 큼 평양이 '심리적으로' 멀지 않다는 뜻을 우회적으로 표현한 걸로 봐 야 한다. 만찬뿐 아니라 이날 전반적인 분위기는 시종일관 화기애애 했다. 김정은 위원장이 여유롭게 '유머'를 내보였던 것도 아마 이미 완 성된 합의문이 있었기 때문일 것이다.

실제로 당시 합의문 작성에 관여했던 관계자는 회담 당시 양 정상 이 서명한 합의문은 이미 그 전날 밤에 다 완성돼 있었다고 전했다. 물 론 합의문 초안을 가다듬는 작업은 실무진이 단 하루 만에 이루어낸 결과는 아니지만 어쨌든 북측과 양 정상이 서명할 합의문 최종본은 회담 전날 밤에 완성됐고, 작성하는 데 채 두 시간도 걸리지 않았다고 한다. 그만큼 당시엔 남북 간에 서로 뜻이 맞았고, 특히 김정은 위원장 도 첫 남북 정상회담을 통해 앞으로 펼쳐질 미래에 대한 기대가 컸던 것으로 보인다.

카톡으로 알려진
2차 남북 정상회담

2018년 5월 26일. 한가로운 토요일 저녁, 집에서 저녁을 먹고 휴대폰으로 인터넷 서핑을 하며 여유 있는 시간을 보내고 있었다. 저녁 7시 50분경, 청와대 출입기자단 카톡방에 윤영찬 당시 청와대 국민소통수석의 공지가 올라왔다. 공지 내용은 이러했다.

'문재인 대통령은 26일 오후 3시부터 5시까지 판문점 북측 지역 통일각에서 김정은 국무위원장과 두 번째 정상회담을 개최했다. 양 정상은 4.27 판문점선언의 이행과 북미 정상회담의 성공적 개최를 위해 허심탄회하게 의견을 교환했다.'

순간 나는 내 눈을 의심했다. '개최했다고? '한다'가 아니라?' 다시 읽어봐도 분명 '개최했다'였다. 일단 공지 내용을 회사 선배에게 보고했다. 그날은 당일 근무가 아니어서 회사에 있지도 않았고, 당시 8시 뉴스까지는 10분도 남지 않은 상황이었다. 일단 같이 청와대를 출입하는 선배가 있는 카톡방에 보고를 올렸다. 선배 역시 청와대 출입기자단 방에 있긴 하지만 혹시나 하는 마음에, 일단 보고했다. 회사는 그 야말로 '난리'가 났다. 뉴스 시작을 5분 남짓 남겨두고 좀 전에 들어온 짧은 공지만으로 2차 남북 정상회담 소식을 전해야 하는 상황이 됐기 때문이다.

난 일단 공지를 전달한 뒤, 청와대 관계자들에게 전화 취재를 시작 했다. 그런데 꼭 급할 때는 통화가 더 안 된다. 그나마 어렵게 통화를 한 관계자들도 "내일 오전에 대통령이 직접 결과 발표 하실 거야"라는 말이 전부였다. 일단 당일 뉴스는 가까스로 잘 넘겼다. 하지만 모든 청와대 출입 기자들은 그야말로 '멘붕' 상태가 됐다. 왜냐하면 2차 남 북 정상회담이 있을 거라고는 그 누구도 예상하지 못했기 때문이다. '그것도 몰랐던 너희가 기자냐'라고 타박할 분도 있겠지만 남북 정상 의 두 번째 만남을 사전에 예상하지 못한 데는 그럴 만한 충분한 이유 가 있다(핑계 정도로 봐 주셨으면 좋겠다).

첫째, 4월에 남북 정상이 만난 지 한 달밖에 안 된 시점이었고, 둘 째, 정상회담 같은 행사는 행사 중에서도 가장 준비가 오래, 많이 필요 하므로 준비기간만 통상 한 달 이상을 잡는다. 그러나 2차 남북 정상 회담은 그런 성격의 회담이 아니었다. 왜냐하면 김 위원장이 하루 전 에 문 대통령에게 연락해 다음 날 회담을 잡은 것이었기 때문이다. 문 대통령은 회담 결과를 직접 발표하며 "김 위원장이 그제(25일 금요일) 오후 일체의 형식 없이 만나고 싶다는 뜻을 전해왔고, 저는 흔쾌히 수

락했습니다"라고 말했다. 따져보면, 남북 정상의 만남이 중간에 언론 등에 새 나갈 수 있던 물리적 시간은 30시간이 채 안 되었다. 청와대 내부적으로도 북측 전화를 받고 나서 '함구령'이 내려졌던 것으로 보인다. 자칫 사전에 유출돼 언론에 보도될 경우, 북한에서 불만을 표했을 것이고 그러면 남북, 북미 관계가 다 한꺼번에 흔들릴 수 있었기 때문이다.

청와대가 공개한 2차 남북 정상회담 사진엔 문 대통령과 김정은 위원장이 밝은 표정으로 서로를 꼭 껴안는 모습도 담겨 있었다. 회담은 판문점 북측 장소인 통일각에서 이뤄졌다. 두 시간여 동안 이뤄졌다고 한 2차 회담은 그야말로 '대화'를 위한 것임이 사진에 확연히 드러났다. 1차 남북 정상회담만 해도 남북 양측 의전팀이 긴 사전 준비 기간을 거쳐 리허설도 하고 동선도 다 확인했다. 그런데 2차 회담 사진을 보면 그야말로 '군더더기 하나 없는 깔끔한 회담'이었다는 것을 알 수 있다.

문 대통령이 탄 차량이 통일각 앞에 서고, 김여정 제1부부장이 차에서 내리는 문 대통령을 맞았다. 통일각 안에 들어간 두 정상은 악수를 하고 사진을 찍었다. 문 대통령이 방명록에 서명한 다음, 두 정상은 회담을 시작했다. 회담 배석자로는 우리 측에서는 서훈 국가정보원장이, 북측에서는 김영철 노동당 통일전선부장이 자리했다. 수행원은 많지 않았다. 정말 중요한 인물 극소수만 동행한 것이다. 회담이 끝난

남북 정상회담 장면

뒤 두 정상은 포옹하며 인사를 하고 헤어졌다. 다른 거추장스러운 이벤트는 없었다. '논의'를 위해 만난 실무적인 회담 그 자체였다.

이 만남이 갑자기 성사된 배경은 이러했다. 북미 정상회담을 하기로 하고 물밑 논의가 진행되던 와중에 트럼프 대통령이 '회담 취소'라는 발표를 했고, 이에 김정은 위원장이 문 대통령에게 SOS를 친 것이었다. 트럼프 대통령의 '회담 취소 카드'에 맞서, 남북이 머리를 맞대고 다시 북미 정상회담의 불씨를 살려야 했기 때문에 이날 남북 정상은 정말 허심탄회한 대화를 나눈 것이다.

문재인 대통령은 회담 결과를 직접 발표했다.

"저는 지난주에 있었던 트럼프 미국 대통령과의 정상회담 결과를 설명하면서, 트럼프 대통령은 김 위원장이 완전한 비핵화를 결단하고 실천할 경우, 북한과의 적대관계 종식과 경제협력에 대한 확고한 의지가 있다는 점을 전달하였습니다. 특히 김 위원장과 트럼프 대통령 모두 북미 정상회담의 성공을 진심으로 바라고 있는 만큼 직접적인 소통을 통해 오해를 불식시키고, 정상회담에서 합의해야 할 의제에 대해 실무협상을 통해 충분한 사전 대화가 필요하다는 점을 강조했습니다. 김 위원장도 이에 동의하였습니다. 김정은 위원장은 판문점선언에 이어 다시 한 번 한반도의 완전한 비핵화 의지를 분명히 했으며, 북미 정상회담의 성공을 통해 전쟁과 대립의 역사를 청산하고 평화와 번영을 위해 협력하겠다는 의사를 피력하였습니다."

김정은·김여정·현송월

로비에서 만난 그들

2018년 6월, 싱가포르에선 역사의 한 장이 열렸다. 당시 청와대 출입기자였던 나는, 회사의 북미 정상회담 TF팀에 속하게 돼 싱가포르에 갈 수 있었다. 특별히 이 역사적인 회담이 진행되는 기간 동안 뉴스특보 프로그램 하나의 앵커도 맡았다. 내가 진행을 맡은 시간대는 마침 12일에 회담을 마치고 서명식이 끝난 후 오후에 트럼프 대통령이 기자회견을 하는 시간이었다. 사실 방송기자를 하면서 앵커를 맡아보는 것도 영광인데 특히나 이런 역사에 길이 남을 뉴스의 진행을 맡는다는 건 개인적으로는 '가문의 영광'이다. 다른 뉴스 시간대에는 앵커가 아닌 기자로 출연해 북미 정상회담 소식을 전했다. 두 정상이 도착하는 10일부터 회담이 있던 12일까지, 정말 눈코 뜰 새 없이 바쁘게 돌아갔다.

2박 3일 중 가장 기억에 남는 장면 '한 컷'이 있다면, 바로 김정은을 직접 내 눈으로 본 순간이다. 싱가포르 탕린 권역은 당시 '특별행사구역'으로 지정돼 경비가 삼엄했다. 특히 김정은 위원장과 트럼프 대통령이 묵는 숙소는 불과 600미터 정도밖에 떨어져 있지 않았다. 세인트레지스 호텔에는 김 위원장이, 샹그릴라 호텔에는 트럼프 대통령이 묵었는데 두 호텔 모두 싱가포르 중심지 한복판에 있다. 실제 도보로 10분 정도밖에 걸리지 않아서 당시 우리 취재팀도 두 호텔 사이 중간 지점에 위치한 곳에 숙소를 잡고 두 정상이 묵는 곳을 수시로 다니며 취재했다.

정상회담을 하루 앞둔 11일 밤, 나는 세인트레지스 호텔 로비에서 하염없이 김정은 위원장이나 북한 일행이 보이기를 기다렸다. 이날 저녁 9시경에 김 위원장이 '깜짝 외출'을 했기 때문에 숙소로 돌아오는 걸 기다린 거다. 김 위원장은 이날 싱가포르의 대표 관광지인 '가든스 바이 더 베이'의 플라워 돔을 방문하고, 57층 높이의 랜드마크인 마리나베이 샌즈 호텔 전망대에 올라 야경을 구경했다. 본인을 보러 나온 시민들을 향해 여유 있게 웃으며 손도 흔들어줬다. 그 모습은 우리가 익히 알아온, 고립된 국가에서 미사일을 쏘는 독재자가 아니었다. 친근한 정상 국가 정상의 이미지였다.

난 이런 소식을 휴대폰으로 확인하면서 김 위원장이 숙소로 돌아오기를 기다렸다. 그 사이 커피숍에서 마신 커피만 네댓 잔은 되는 것 같다. 당연히 로비엔 취재진으로 북적였다. 각국 외신 기자들도 나처럼 커피를 한 손에 들고 로비나 1층 주차장 입구를 서성거렸다. 카메라 기자들은 주차장 앞에서 김 위원장의 차량이 지나가기를 바라며 끼니를 거른 채 기다렸다.

세인트레지스 호텔 로비는 밤 10시경이 되자 갑자기 분주해지기 시작했다. 수십 명의 현지 경찰로 보이는 경호원들이 둥그렇게 로비 안을 둘러싸기 시작했고, 취재진을 포함해 로비에서 김 위원장을 기다리는 사람들은 경호원들이 만든 '인간띠'의 경계선 바깥에만 서 있어야 했다. '뭐지, 이제 오는 건가' 들뜬 마음으로 서성이는데 호텔 측 관계자인 듯한 이가 나를 포함해 대기 중이던 모든 사람에게 손에 쥐고 있는 휴대폰을 치우라고 했다. 주머니에 넣든 가방에 넣든, 일단 바깥에 꺼내두거나 손에 쥐고 있지 말라는 거였다. 우리 취재팀 '카톡방'에서는 한창 서로의 취재 내용을 공유하고, 업무 지시가 내려오는 중인데 이 중요한 순간에 휴대폰을 치우라니, 너무 난감한 '지침'이었다.

일단 대기는 계속해야 하고, 김정은 위원장도 직접 눈으로 확인해야 하니 시키는 대로 휴대폰을 주머니에 집어넣었다. 당연히 이 '지침'이 있은 뒤 대략 10~20분 뒤면 김정은 위원장이 들어올 줄 알았다. 그런데 아무리 기다려도 소식이 없었다. 로비에서 대기 중이던 수십 명도 지친 표정으로 멍하니 있거나 시계를 보거나, 몰래 가방에 들어 있는 휴대폰을 훔쳐보기도 했다. 그렇게 한 시간이 훌쩍 넘어갔다.

꼭 벌서는 기분으로 기다리고 있는데 드디어 북한 경호원들이 로

비로 들어오기 시작했다. 사람들에 가려서 김정은 위원장이 들어오는 모습은 놓쳤지만, 제대로 볼 수 있는 순간이 있었다. 김 위원장이 동생 김여정 제1부부장과 함께 엘리베이터 앞에 서 있는 모습이다. 그들과의 거리는 대략 50미터 이상은 되었지만 그래도 비교적 구체적으로 김 위원장을 관찰할 수 있었다. 김 위원장은 TV에서 보던 모습 그대로였다. 검정색 인민복을 입었고, 키는 160센티미터 언저리 정도에, 몸집은 키에 비해 많이 컸다. 걸을 때는 숨이 많이 차 보였다. 사실 실제 모습에 놀란 건 김 위원장보다 김여정 부부장이다. 흰색 블라우스를 입고, 반올림머리로 단정한 차림이었다. 북한 수행원들이 대부분 짙은 색 옷을 입고 있어서였는지 모르겠지만 일행 속 김 부부장의 모습은 돋보였다. 특히 흰 피부와 옅게 띤 미소도 한몫했다. TV에서보다 훨씬 화사한 느낌이었다. 김 위원장 바로 옆에서 밀착 수행하는 모습이 한눈에도 김 위원장의 신뢰를 받고 있는 것 같았다.

2018년 6월 북미 정상회담에서
(로비에서 포착된 현송월)

휴대폰을 꺼내 사진 찍고 싶은 마음이 굴뚝같았으나 총을 찬 경호원들의 모습을 보니 섣불리 행동하면 안 되겠다 싶었다. 김 위원장은 별다른 말이나 제스처 없이 뚜벅뚜벅 걸어서 엘리베이터 앞에 서 있다가 싱가포르 측 관계자들의 인사를 받고 나서 방으로 올라갔다.

세기의 악수

싱가포르에서 맞이한 6월 12일의 새벽 공기는 습했지만 불쾌한 끈적임이라기보단 촉촉한 느낌이었다. 아마도 설레는 기분 탓이었던 것 같다. 새벽부터 우리 팀도 정상회담 보도 준비로 분주했다. 취재팀은 정상회담이 진행되는 카펠라 호텔 부근, 각 정상이 머무는 호텔, 미디어 센터 등 곳곳에 배치됐다. 싱가포르 센토사섬에 위치한 카펠라 호텔은 보안상으로 매우 적합한 장소였다. 정상회담이 열리기 전날, 카펠라 호텔에 직접 가봤는데 숲길을 한참 올라가야 로비가 나왔다. 입구에서부터 로비까지의 거리가 멀어서 골프 카트카를 타고 이동하기도 했다. 호텔 입구만 차단하면 누구도 들어올 수 없는, 그야말로 비밀 아지트 같은 곳이었다.

우리 팀을 포함해 전 세계 취재진은 두 정상이 호텔에서 출발하는 모습부터 이동하는 장면, 회담장 도착 등의 순간을 1분 1초도 놓치지 않고 보도했다. 그들의 첫 만남은 짧지만 강렬했다. 두 정상이 각각

왼편과 오른편 복도를 걸어 나와 중간에 마련된 단상에 서서 악수를 했고, 트럼프 대통령은 김정은 위원장의 어깨를 손으로 툭툭 치며 친근감을 표시하기도 했다. 그야말로 '세기의 악수'였다.

김 위원장은 다소 상기된 표정이었다. 국제무대 등장이 자주 있는 일이 아니거니와 미국 정상과의 '담판'을 앞두고 긴장할 수밖에 없었을 것이다. 두 정상이 걸어 나와 악수하고 간단한 인사를 나누는 이 역사적 장면은 기껏해야 1분도 못 되는 찰나였지만 이 순간을 위해 달려온 시간과 역사를 생각하면, 이 짧은 악수에 수많은 이야기와 감정이 담겨 있었다.

본격 회담에 앞서 두 정상이 간단히 모두발언을 했는데 비로소 김정은 위원장의 목소리를 라이브로 들을 수 있었다. 그의 첫 마디는 이러했다.

"여기까지 오는 길이 그리 쉬운 길을 아니었습니다. 우리한테는 우리 발목을 잡는 과거가 있고, 또 그릇된 편견과 관행들이 때로는 우리 눈과 귀를 가리고 있었습니다. 우리는 모든 것을 이겨내고 이 자리까지 왔습니다."

나름 솔직한 고백이었다. 김 위원장 입장에선 싱가포르행이 그리 설레지만은 않았을 것이다. 무언가 만족할 만한 결과를 가져가지 못한다면 북한에선 '신'적인 존재인 자신의 입지에 큰 타격을 줄 것이 분명했다. 국제무대에 사실상 첫 등장인 만큼 그에 따른 부담도 굉장했을 것이다. 회담은 단독, 확대에 걸쳐 오찬과 산책, 공동합의문 서명까지 사실상 오전 내내 이뤄졌다. 물론 실무진들이 그 전날 늦은 밤까지 합의문 문구 등에 대해 줄다리기를 이어가며 어느 정도 초안을 만들어놨지만 두 정상이 직접 대화하며 만든 최종 합의문은 또 어떻게 바뀌었을지 모를 노릇이었다. 워낙 '즉흥적'인 행동으로 모두를 당황하게 만드는 트럼프의 스타일을 감안하면 얼마든지 가능한 일이었기 때문이다.

2018년 6월 북미 정상회담을 보도한 싱가포르 현지 신문들

회담이 끝나고 두 정상은 문을 열고 나와 합의문 서명을 위해 자리에 앉았다. 트럼프는 역시나 '사회자'마냥 행사를 '진행'하기 시작했다.

"우리는 매우 중요한 문서에 서명하게 됩니다. 굉장히 포괄적인 문서입니다. 우리는 아주 좋은 관계를 구축했고, 저는 잠시 후 기자회견을 갖게 됩니다."

트럼프 대통령은 본인의 기자회견 '예고'까지 홍보하며 합의문 서명식을 시작했다. 김정은 위원장도 첫 만남의 순간 때보단 다소 누그러진 표정으로 서명 전 한마디를 덧붙였다.

"우리는 지난 과거를 덮고 새로운 출발을 알리는 역사적인 문건에 서명을 하게 됩니다. 세상은 아마 중대한 변화를 보게 될 것입니다."

사실, 합의문 내용은 기대만큼은 못 미쳤다. '북한은 한반도의 완전한 비핵화를 약속한다'라는 내용이 포함되긴 했지만 4.27 판문점선언을 재확인한 정도였다. 구체적으로 무엇을 어떻게 하겠다는 내용이 포함될 수도 있으리란 기대도 있었지만, 그러한 기대를 충족시키기엔 미흡한 성과였다. 하지만 1948년 분단 이후 70년 만에 대립을 이어온 북미 관계에 중요한 변화가 생긴 건 분명해 보였다. 트럼프 대

2018년 6월 북미 정상회담 생방송 장면

통령은 김 위원장을 백악관으로 초청하겠다고 했고, 또 적절한 시점에 본인이 평양을 방문하는 것 역시 가능하다고도 했다. 서로 다음 회담에 대한 약속까지 한 것으로 보였다.

현장의 한껏 긴장됐던 분위기는 두 정상이 4시간 간격으로 싱가포르를 떠나고 나서야 누그러졌다. 지금 돌이켜보면 그때의 약속이 그저 물거품이 되어버린 게 아닌가 싶지만 당시 그 현장에서는 그들도 '진정성' 있게 회담에 임했던 것이리라.

6월 싱가포르 북미 정상회담의 여운이 채 가시기도 전에 또 한 번의
역사적 사건이 발생했다. 평양을 방문해 김정은 위원장을 면담한
우리 측 '정의용 특사단'이 '문재인 대통령의 평양 방문'이라는 결과물을 들고 왔다.
평양에서 3차 남북 정상회담이 열리게 된 것이다.
9월 18일부터 20일까지 2박 3일 일정이었다.
비핵화를 위한 구체적 실천 방안은 물론이고, 앞서 열린 북미 정상회담이
한동안 교착 상태였던 만큼 다시 북미 대화의 물꼬를 트는 방안을 놓고
남북 정상이 평양에서 머리를 맞대는 자리가 마련된 것이다.

김여정 통해 20분 만에 빌린
'백두산 천지행' 비행기

남북, 북미 정상회담과 관련된 이야기들은 쏟아져 나왔지만 그 뒤에 얼마나 많은 사람들의 노력이 있었는지는 제대로 조명되지 않은 것 같다.

2018년 9월, 평양에서 남북 정상이 만났을 때는 특히 더 그랬다. 차라리 해외 다른 나라에서 진행된 것이라면 서울에 있는 관계자들과 소통이라도 원활했을 텐데, 평양과 서울 간 소통은 실시간으로 이뤄지지 않아서 많은 관계자들이 애를 먹었다. 서울에서 평양의 화면이 전송돼 오기만을 기다리던 기자들도 갑갑하긴 마찬가지였다. 하물며 평양에서 2박 3일간 회담과 행사를 준비하고 진행시키는 건 더 어려웠을 거다. 실제 그랬다고 한다. 서울에서는 전화 한 통이면 이루어질 수 있는 일들이 평양에서는 불가능했기 때문이다. 당시 평양을 다녀온 관계자들에게 뒷이야기를 생생히 들을 수 있었다.

평양 남북 정상회담 기간 중 하이라이트는 단연 남북 정상 내외의

'백두산 트레킹'일 것이다. '백두산 트레킹'은 처음부터 각본에 짜둔 일정이 아니었다. 문재인 대통령이 4월 판문점 정상회담 때 백두산에 오르고 싶다는 희망을 밝힌 바 있긴 했다. 평소 등산을 좋아하는 문 대통령이 당시 판문점 남측 평화의 집에서 환영만찬을 할 때 건배사를 통해 "제가 오래전부터 이루지 못한 꿈이 있는데, 바로 백두산과 개마고원을 트레킹하는 것"이라면서 "김 위원장이 이 소원을 꼭 들어줄 것이라 믿는다"라고 말했다. 문 대통령의 이 바람을 김정은 위원장이 평양 정상회담 기간에 들어준 것이다.

다만 사전에 모든 계획을 짜고 계획대로 이행할 수 있는 일정은 아니었다. 회담 마지막 날의 계획이었으니, 그전에 진행된 다른 일정들이 모두 순조롭게 진행될 때 가능한 시나리오다. 상식적으로 생각해도 회담이 잘 안 풀렸는데 마지막 날 두 정상이 손잡고 백두산에 오르는 건 말이 안 되지 않나. 모든 분위기가 맞아떨어져야 이행 가능한 일정이었던 거다. 날씨 또한 큰 변수였다. 백두산에 올라가려면 일단 날씨가 좋아야 하는데 비가 오거나 하는 등의 기상변수가 있으면 일정수행이 불가능하다. 실제 김의겸 당시 청와대 대변인은 하루 전날 '백두산' 일정을 공개하면서 "구체적인 일정은 현재 협의 중"이라며 "일단 백두산 남쪽 정상인 장군봉까지는 올라갈 예정이고, 날씨가 좋으면 내려가는 길에 천지까지도 갈 수 있다"라고 말했다.

백두산까지 가는 방법도 평양에 간 청와대 관계자들과 북측 관계자들 간에 구체적인 조율이 필요했다. 현장에서 모든 조율이 이뤄져야 했기 때문에 시간이 촉박했다. 백두산 일정을 하루 앞둔 19일 저녁, 문 대통령 내외는 저녁식사를 위해 평양 '대동강 수산물 식당'을 찾았다. 평양 시민들이 이용하는 일반 식당이었다. 당초 계획은 북측 실무진과 함께 방북한 경제인들을 식사에 초청할 계획이었는데, 문 대통령 내외가 식사 중이던 북한 주민들에게 '음식 맛있습니까'라고 말을 건네며 현지인들과 대화를 나누는 사이, 김 위원장 내외가 등장했다. 예정에 없던 김정은 위원장 내외의 합류로 식사자리는 정상 친교 자리가 됐다.

정상 간 저녁자리가 이어지는 동안, 남북 양측 관계자들은 얼마나 분주했을까. 실제 이 수산물 식당에서 실무자들이 논의한 사항 중 하나가 바로 백두산까지 가는 교통편 문제였다. 백두산을 가려면 삼지연 공항에 내려서 올라가야 하는데 삼지연 공항에는 문 대통령의 전용기 1호기가 착륙할 만한 공간이 안 나온다는 것이 문제였다. 활주로가 짧아서 보잉 747기종인 공군 1호기가 내리기 어려웠던 것이다. 때문에 문 대통령은 1호기보다 작은 공군 2호기를 타고 가야 했다.

그런데 2호기만 이용할 경우, 필요한 수행원들이 다 탈 수가 없다는 것이 문제가 됐다. 기껏해야 70명 정도밖에 못 타는데 대통령이 한 번 움직일 때 필요한 인원은 그보다 훨씬 더 많기 때문이다. 특히 평양 남북 정상회담에는 기업인 등 문 대통령을 따라간 '특별수행원들도 많았기 때문에 70여 명은 턱없이 부족한 숫자였다. 청와대 관계자들은 이런 점을 북측 실무진들과 논의했다. 이 과정에서 능력을 발휘한 사람이 김종천 전 청와대 의전비서관이다. 음주운전 문제로 오점을 남기고 청와대를 떠나긴 했지만 김 비서관은 북한과 협의 과정에서 많은 역할을 했던 것으로 알려졌다. 특유의 친화력으로 북측 관계자들과도 금세 친해졌다고 한다.

어쨌든 당시 급했던 사안은 백두산 천지 이동을 위한 비행기 한 대를 공수하는 것이었다. 당시 일부 청와대 관계자들은 식당에서 문 대통령과 김 위원장의 만찬이 진행되는 동안 이 문제를 논의했다. 논의 끝에 김종천 전 비서관이 북측 관계자들에게 고려항공을 이용하는 방안을 꺼냈다. 김 비서관은 김여정 부부장에게 직접 다가가 문제를 논의했고, 20분 뒤 고려항공을 북측으로부터 빌릴 수 있었다고 한다. 이때 김 비서관 특유의 친화력이 빛을 보았다고 알려진다. 아무튼, 그렇게 20분 만에 빌린 비행기 덕분에 특별수행원들도 고려항공을 타고 삼지연 공항에 무사히 도착할 수 있었다.

3차 남북 정상회담이 열릴 당시, 남북 정상은 공개 석상 외에 비공개 자리에서도 많은 대화를 나누었다. 당시 김정은이 문 대통령에게 관심 있게 물어본 분야 중 하나가 '의전'이었다고. 문 대통령에게 '해외 의전은 어떻게 하는지'를 구체적으로 물어봤다고 한다. 또 이런 대화

(왼쪽) 남북 정상의 트레킹
(오른쪽) 백두산 천지에 오르다

가 오갈 때는 북측 참모진에게 "저리 가 있으라"며 대화를 듣지 못하게
했다. 우리 관계자들에 따르면 김정은은 북한의 의전이 아직 수준이
떨어진다고 생각해서 외부에 노출되는 것을 꺼리는 분위기였다고 한
다. 한마디로 북한의 의전은 아직 '촌스럽다'라는 인식이 김 위원장에
게도 있는 듯했다는 거다. 본인이 스위스 유학파인 만큼 아버지나 할
아버지보다 훨씬 외국 문물을 접할 기회가 많았기 때문에 그만큼 깨
어 있고 보고 배운 것도 많았을 것이다. 또 해외에서 정상회담을 개최
하는 것에도 관심이 있는 것으로 보였다 한다.

가톨릭 단체에 '평양지부' 만들어달라던 북한

'종교의 자유가 없는 나라' 하면 대부분 단박에 북한을 떠올릴 것이다. 그런데 북한과 로마 교황청의 교류가 상당히 진지하게 논의된 적이 있다. 이 얘기를 하려면 2018년 10월로 거슬러 올라가야 한다.

당시 문재인 대통령은 로마 교황청을 방문해 프란치스코 교황을 만났다. 이때 문 대통령은 북측의 '메시지'를 교황에게 전달한 것으로 알려진다. 김 위원장이 교황을 평양에 초청할 의사가 있다는 내용이었다. 프란치스코 교황은 "초청장이 오면 무조건 응답하겠다, 갈 수 있다"라고 답했다고 한다. 이때부터 교황의 방북 가능성이 대서특필되며 급물살을 탔다.

이 모든 게 갑작스레 이뤄진 것은 아니었다. 이렇게 논의가 진전되기까지는 이백만 당시 주교황청 한국 대사의 공이 컸던 것으로 전해진다. 이 전 대사는 부임 직후 교황과 교황청 간부들을 만나는 과정에서 프란치스코 교황이 북한에 관심이 있다는 사실을 간파한다. 이것을 정부 라인을 통해 보고했고, 우리 정부가 일련의 작업을 거쳐 북한의 '교황 초청 의사'를 교황에게 직접 전달하는 단계까지 이끌어냈던 것이다. 김정은 위원장은 그해 9월 남북 정상회담에서 문 대통령이 교황의 방북을 제안하자 "교황이 오면 열렬히 환영하겠다. 꼭 좀 (초청 의사를) 전달해달라"고 말했다고 한다.

북한의 의사를 전달받은 교황청은 굉장히 반색했던 것으로 보인다. 이 전 대사는 기자와의 통화에서 "당시 교황청은 정말 만반의 준비를 했다"라고 설명했다. 공식 초청장이 날아올 경우 곧바로 방북을 위한 실무 협상에 돌입할 수 있도록 철저히 준비했다는 거다. 교황이 직접 회의를 주재하기도 했단다. 특히 김 위원장을 중심으로 돌아가는 북한의 특수성도 고려했다고 하니 꽤나 진지하고 구체적인 논의가 이뤄졌던 것 같다. 이 전 대사는 "기존의 관행이나 전례에 구애받지 않겠다는 협상 원칙도 세웠다. 모든 협상을 평양과 직접 하며, 한국 정부나 교회가 공개적으로 나서면 안 된다는 세부 사항까지 챙겼다"라고 전했다.

물론 교황청 내부의 반대도 만만치 않았다. 교황의 방북이 자칫 북한의 정권 유지에 이용당할 수 있다는 우려였다. 하지만 교황의 의지가 매우 강했던 것으로 전해진다. 실제로 교황은 "남북한 지도자와 손잡고 판문점을 걷는 것이 나의 꿈이다" "서울과 평양을 동시에 방문하고 싶다"는 등 공개적으로 방북 의지를 피력해왔다. 2018년 4월, 남북 정상회담 당시에는 "남북한 지도자들이 평화를 위해 용기 있는 결단을 내렸다"라며 평화를 향한 발걸음에 힘을 실어주기도 했다.

북한도 이번만큼은 '진심'이었던 것으로 보인다. 2018년 12월 교황청 산하 자선 단체인 산테지디오의 홈페이지에 의미심장한 사진이 올라왔다. 산테지디오의 임팔리아초 대표가 평양을 방문해 만수대 의사당에서 당시 김영남 북한 최고인민회의 상임위원장, 임천일 당시 외무성 부상을 면담한 모습이었다. 임팔리아초 대표는 장충성당, 정백성당과 원산의 어린이 병원을 방문했다.

북한이 외부 종교계 인사와의 만남을 공개한 건 매우 이례적이다. 게다가 외부에 공개까지 한 것은 일종의 '메시지'로 보였다. 북한은 게다가 당시 산테지디오에 '평양 지부'를 만들어달라고 요청했다고 한다. 인도적 지원이 주 목적인 자선 단체지만 엄연한 종교 단체인 만큼 파격적인 제안이 아닐 수 없다. 이는 북한도 바티칸과의 교류를 원한다는 긍정적 신호로 읽혔다. '교황의 방북을 원한다'는 김 위원장의 의사가 진심임을 뒷받침하는 일화이기도 하다. 최고 지도자의 지시가 없었다면 이같이 파격적인 제안이 나올 리 없기 때문이다.

북한-교황청의 접촉은 이걸로 끝이 아니었다. 2019년 2월 로마에서 열린 산테지디오 창립 51주년 기념행사에도 북한 측 인사가 참석했다. 당시 김천 주이탈리아 북한 대사관 대사대리가 참석한 모습이 포착되었다. 이 역시 드문 일이었다.

하지만 2019년 2월 하노이에서 열린 북미 정상회담이 합의에 이르지 못해 결렬되고 남·북·미 관계가 얼어붙으면서 교황 방북 논의는 더 이상 진척되지 못했다. 최근 북한이 코로나19로 국경을 봉쇄하고 외교적 고립을 자처하면서부터는 더욱 어려운 일이 되었다.

하지만 한국 정부도, 교황청도 희망을 완전히 버리지는 않은 것 같다. 2021년 6월 한국 천주교 대전교구 교구장인 유흥식 라자로 대주교가 한국인 최초로 교황청 성직자성 장관에 임명됐다. 방북 업무를 맡기려는 교황의 의중이 담긴 것이라는 분석이 나왔다. 바티칸 현지에서도 비슷한 보도가 나왔다.

나는 이때부터 무산된 듯했던 교황 방북 이슈를 다시 파고들기 시작했다. 우리 정부가 어떤 물밑작업을 하고 있을지 궁금했기 때문이다. 코로나19로 스스로 고립을 자처한 북한, 얼어붙은 남·북·미 관계…… 교황 방북은 사실상 불가능해 보였지만 이때 취재된 몇 가지 팩트로 가능성이 0퍼센트만은 아니라고 느꼈던 것 같다.

첫째, 유 대주교 임명 한 달 뒤 국가정보원장의 이례적인 행보가 눈에 띄었다. 2021년 7월 5일, 박지원 국정원장은 전남 목포시 산정동 성당에서 열린 감사 미사에 참석했다. 미사에는 교황과도 상당히 가까운 사이로 알려진 알프레드 슈에레브 주한 교황 대사가 참석했다. 둘은 어떤 얘기를 나누었을까. 뒷얘기를 알아보니 흥미로웠다. 박 원장은 슈에레브 대사에게 교황의 평양 방문 의사를 재차 물었고, 슈에레브 대사는 "교황도 김 위원장의 초청장이 오면 방북하겠다는 입장"이라며 "코로나19 상황을 잘 지켜보고 있다"고 답했다는 것이다. 적어도 교황의 의지는 사그라지지 않았으며 장애물은 코로나19이고 북한이 열쇠를 쥐고 있다는 기존 입장을 재확인한 것이다. 물론 그 이상의 내밀한 무언가가 오갔을 가능성도 크다.

둘째, 그해 8월 나는 두 달 뒤 교황이 문재인 대통령과 조 바이든 미국 대통령을 연달아 만난다는 내용을 단독 취재해 보도했다. 양 정상은 G20 참석차 로마를 방문할 예정이었다. G20 일정과 별개로 교황과의 면담 날짜도 잡힌 것이다. 취재원의 요청으로 구체적인 날짜까지는 보도하지는 않았다.

천주교 신자인 정상이라면 로마에 갈 일이 있을 때 바티칸에 들러 교황을 알현하는 것이 외교적 관례다. 하지만 배경을 취재해보니 이번 경우는 의미를 부여할 만했다. 당시 G20 국가 중 교황을 알현하려는 정상이 여럿 됐지만 교황은 대부분 완곡히 거절했다고 한다. 한국에서 현직 대통령이 교황을 두 차례 면담하는 것도 처음이었다. 단순한 관례상 만남에 그쳤다면 한국 정부도, 교황청도 굳이 서로를 두 번 볼 필요는 없었을 것이다.

일각에선 교황이 문 대통령을 먼저 만난 뒤 바이든 대통령을 만나는 순서에도 의미를 부여했다. 이 순서는 전적으로 각 정상과 교황의 일정을 조율하다 만들어진 우연이라고 한다. 다만 문 대통령이 교황과 방북 이슈를 논의한 뒤, 교황이 바이든 대통령과 그 내용을 공유할 수 있는 기회가 생겼다는 것에 포인트를 둔 것이다.

결국 문 대통령은 교황을 만나 "다음에 꼭 한반도에서 뵙게 되기를 바란다"며 방북을 다시 한 번 공식 제안했고, 교황은 초청장을 보내주면 가겠다는 기존 입장을 확인해주며 "평화를 위해 기꺼이 가겠다. 여러분은 같은 언어를 쓰는 형제"라고 답했다. 사실 2018년 첫 번째 제안과 달라진 것은 아무것도 없지만, 교황의 의지가 확고하다는 점만큼은 북한에도 전달되었을 것이라는 점에서 유의미하다는 평가가 나왔다.

주목할 점은 이인영 통일부 장관이 교황청을 방문하는 문재인 대통령을 수행했다는 것이다. 종교 관련 일정이니 원칙대로라면 문화체육부 장관이 수행하는 게 맞다. 이례적인 통일부 장관의 동행은 기자들에게 '뭔가 있다'라는 느낌을 주기에 충분했다. 실제로 이 장관은 교황 후보로도 꼽히는 피터 턱슨 추기경을 만나 북한에 대한 인도적 협력을 논의했다.

유흥식 대주교도 당시 청와대 기자들을 만난 자리에서 인도적 지원을 언급했다. 특히 코로나19 백신을 제공할 수 있느냐는 질문에 교황의 '선한 의지'를 언급하며 "중요한 건 북한의 태도에 달려 있다. 그다음에 받겠다고만 하면 이런저런 길이 충분히 많이 나올 수 있다는 생각이 든다"라고 답했다.

전문가와 정부 관계자들도 "대북 백신 지원을 통해 물꼬를 틀 수 있을 것으로 보인다"라고 전망했다. 실제로 교황청은 2021년부터 '백신 나눔 운동'을 하고 있다. 각 나라 교구가 보낸 성금으로 백신을 사들여 가난한 나라에 나눠주는 프로젝트다. 한국 교구에서도 한 차례 성금을 보낸 것으로 알려졌다. 한 외교 소식통은 "교황청이 백신을 지원할 국가 리스트에 북한도 포함되지 않겠느냐"라며 "코백스와 달리 교황청은 북한 내부 정보를 세세히 요구하지 않을 것이기 때문에 북한도 호응할 가능성이 크다"라고 설명했다.

"위원장이 직접 말씀하실 겁니다"

2차 북미 정상회담이 열리기 엿새 전부터 하노이의 고급 호텔들은 전세계 취재진들로 북적였다. 실무협상이 시작됐기 때문이다. 북미 양측 실무진이 미리 도착했다는 정보가 들리자 기자들은 일명 '뻗치기'에 돌입했다. 나도 북측 실무진의 숙소인 영빈관과 미측 일행이 묵었던 파르크 호텔을 분주히 오갔다. 양측의 일정은 철저히 기밀에 가려진 상황. 무작정 기다리면서 동향을 살피는 게 최선의 취재였다.

2019년 2월 21일, 북측 실무진이 스티븐 비건 미국 대북정책특별대표 일행의 숙소인 파르크 호텔을 찾으면서 취재 열기에 불이 붙었다. 김혁철 북한 대미 특별대표가 탄 벤츠 차량이 등장하자 카메라 수십 대가 몰려들면서 현장은 삽시간에 아수라장이 됐다. 그가 차에서 내려 엘리베이터에 몸을 싣는 순간까지 기자들은 질문을 던지며 따라붙었다. 물론 김 대표는 아무 말도 하지 않고 굳은 표정으로 협상장으로 향했다.

호텔은 로비와 일부 공간을 제외한 모든 곳의 일반인 출입을 막았다. 일부 일본 기자들은 관광객으로 위장해 "마사지를 받으러 왔다"라며 위층까지 올라가는 데에 성공했다. 그 와중에도 소형 캠코더를 손에 든 채였다. 하지만 협상장이 위치한 것으로 추정되는 꼭대기 층까지 진입하는 건 실패했다. 결국 기약 없는 '국제 뻗치기'가 계속되었다. 그 순간만큼은 한·미·일 할 것 없이 모든 취재진이 같은 마음으로 하릴없이 호텔 출입구만 바라봤던 것 같다.

세 시간쯤 흘렀을까, 김성혜 통일선전부 통일정책실장이 협상장을 빠져나와 영빈관으로 향했다. 김혁철 대표는 함께 나오지 않았다. 미측 관계자들도 눈에 띄지 않았다. 협상이 한창 진행 중인데 김성혜만 잠시 자리를 비운 것이다. 30분 뒤 김성혜는 다시 호텔로 되돌아왔다. 나중에 찍힌 사진을 보니 차 안에서 서류 가방 손잡이를 양 손에 꼭 쥔 채 긴장된 표정을 짓고 있었다.

실무협상을 마치고 들어가는
북한 협상팀
(맨 오른쪽이 김성혜)

실무 협상이 진행된 6일 동안 김성혜는 수시로 협상장을 나와 북측 숙소를 들렀다. 취재진들은 '평양에 보고를 하러 갔을 것'이라고 추정했다. 김정은 위원장에게 수시로 진행 상황을 알리고 다음 단계에 대한 지시를 받았을 것이란 얘기다. 보안 때문에 부득이 북측 숙소에 마련된 통신망을 이용해야 했을 것이다. 실무진에게 전권을 주지 않는 북한의 협상 방법이 얼마나 독특한지 현장에서 확인할 수 있었던 대목이다.

외교부와 통일부를 출입하며 만난 당국자들이 하나같이 "북한과의 협상은 너무나 힘들다"라고 토로하는 이유도 이 때문이다. 실무 차원에서는 말이 안 통한다는 것이다. "위원장님이 말씀하실 것"이라는 식으로 핵심을 피하는 바람에 도무지 진도가 나가지 않는다고. 수십 년간 북한과의 협상을 가까이에서 지켜봐온 외교 소식통은 "과거 남북 정상회담을 할 때도 '위원장을 만나면 좋은 선물이 있을 것'이라고만 말해 골치였다. 도대체 그 '선물'이 무엇인지를 실무 차원에서는 구체적으로 말하지 않았다"라고 털어놓았다.

북한과의 협상 중 바람을 맞는 일도 잦다. 협상 일정을 잡아놓고 약속한 장소에 나타나지 않는다는 것이다. 그러다 보니 정부는 북한과의 일정을 언론에 공개하길 꺼리게 된다. 정부 관계자들의 말을 종합하면 약속해놓고 나타나지 않는 경우가 '열에 한 번 이상'이라고 한다. 한 관계자는 "사업을 할 때도 믿을 만한 상대와 계약을 체결하면 바로 외부에 공표하지만 그렇지 않을 경우 일단 함구하지 않느냐, 같은 맥락이다"라고 전했다. 북한과의 일정을 정부 당국이 속 시원히 알려주지 않는 것에 기자들이 답답함과 서운함을 갖는 건 이해하지만 나름 속사정이 있다는 뜻이었다.

트럼프 행정부 시절부터 지금까지 대북 정책 특별대표를 맡고 있는 성김 인도네시아 대사도 당초 북한과 관련한 일을 하는 것을 꺼렸다고 한다. 한국계 직업 외교관인 성김 대표는 2008년 당시 미국 국무부 한국과장을 지내면서 직접 북한에서 영변 냉각탑 폭파 장면을 지켜본 베테랑이다. 그런 그도 필리핀 대사 시절 대북 협상에 나서달라고 하자 "북한은 과거와 달라진 게 하나도 없다"라며 손사래를 쳤던 것이다. 한 정부 관계자는 "주 필리핀 미국 대사의 경우 대우가 매우 좋은데, 어렵고 골치 아픈 대북 협상장에 끌려나오니 좋을 리가 없었을 것"이라고 말했다. "북한과 협상을 해본 사람들은 누구나 학을 뗀다"라고까지 전했다.

그가 싱가포르 북미 정상회담을 한 달 앞둔 2018년 5월 방한했던 당시의 기억인데, 나는 그가 판문점에서 최선희 당시 북한 외무성 부상과 실무협상을 하는 상황을 밀착 취재했다. '밀착 취재'라고 하지만 이 또한 기약 없는 '뻗치기'의 연속이었다. 먼저 성김 대표가 머무는 서울 시내 모 호텔 앞에서 그가 탄 미국 대사관 차량이 나오는 걸 확인한다. 판문점으로 향하는 길목인 통일대교에는 또 다른 취재진이 대기 중이다. 성김의 차량이 통일대교를 통과하는 것까지 목격되면 "오늘 협상이 진행됐다"라고 보도할 수 있는 거다.

6월 뙤약볕 아래서 기자들이 새까맣게 그을릴 동안, 판문점에선 꽤나 지난한 협상이 이어진 모양이다. 훗날 한 외교 소식통은 "당시 성김이 최선희와의 협상에서 호되게 당했다. 판이 깨질 뻔했다"라고 말했다. 최선희가 워낙 녹록치 않은 상대인데다 북한 특유의 협상 방식 때문에 성김 일행이 크게 고생했다는 거다. 물론 미국도 만만치 않았기에, 북측에 '두툼한 목록'을 내밀었다고 한다. 제재 완화 등을 위한 핵 신고 리스트 등의 요구사항을 요구했다는 것이다.

그래서일까. 기약 없는 뻗치기의 마지막 날, 성김은 기자들을 깜짝 놀라게 했다. 역시나 오전 9시쯤 성김이 탄 차량이 미끄러지듯 호텔 주차장을 빠져나왔다. 그런데 매번 군은 표정이던 그가 그날따라 창문을 내리고 다섯 손가락을 활짝 편 채 취재진을 향해 손을 흔들었다! 그 모습에 어안이 벙벙해진 기자들은 제각기 해석을 내놓았다. "이제 끝이란 뜻인가 보다" "협상이 잘되고 있다는 뜻인가?" 그런데 당시 우리 팀 선배가 "협상이 다섯 번 남았다는 얘기가 아니냐"라고 해서 모골이 송연해졌던 기억이 난다. 다행히 '오늘로 협상 끝!'이란 추측이 맞았던 것 같다. 성김도 홀가분했던 것 아닐까.

외교가에는 '실패한 정상회담은 없다'라는 말이 있다. 모든 내용이 사전에 조율된 상태에서, 양 정상이 서명하는 모습만 보여주는 것이 통상적인 정상회담이라서다. 하지만 하노이 회담은 실패했다. 앤드루 김 미국 CIA 코리아미션센터장 등 미국의 대북 전문가들도 우리나라 인사들을 만날 때면 "북한의 의사소통 구조가 김정은 위주로 경직돼 있는 것이 협상 결렬의 주요 요인 중 하나였다"라고 털어놓는다고 한다.

조 바이든 행정부는 정상끼리만 소통하는 트럼프식 '탑 다운' 방식을 지속하지 않겠다고 강조했다. 실무진부터 차근차근 논의를 진행해 위로 올리는 정통 외교인 '바텀 업' 방식을 북한에도 예외 없이 적용하겠다는 것이다. 북한이 상식과 동떨어진 협상 방식을 개선하지 않는다면 북미관계는 꽤 오랜 기간 평행선일 것으로 보인다.

스톡홀름 협상
'막전막후'

스웨덴 스톡홀름은 북한과 미국이 실무협상을 하는 단골 장소가 되었다. 특히 실무협상장은 스톡홀름 도심에서 약 50킬로미터 정도 떨어진 외딴 산장이다. 취재진이 가도 마음대로 들어갈 수도 없는 그런 곳이다. 말 그대로 산골짜기에서 철저하게 비밀리에 진행되는 그런 회담인 거다.

이 비밀스러운 장소에서 남·북·미가 최초로 모인 것은 2019년 1월이었다. 제2차 북미 정상회담을 위한 실무회의 차원이다. 미국에선 스티브 비건 대북특별대표가 왔고, 북한에선 최선희 외무성 제1부상이 왔다. 우리 측에선 이도훈 한반도평화교섭본부장이 자리했다.

최선희는 카리스마 있는 여장부 스타일이었다. 실제로 만나본 이들은 그녀가 일할 땐 칼 같은데 놀 때는 잘 노는 '쎈 언니' 스타일이라고 했다. 스톡홀름 산골짜기에서 남·북·미 세 대표가 함께 합숙담판을 하는 동안 공식적인 회담보다는 식사를 하면서 자연스럽게 협의했던 것으로 알려졌는데, 저녁 시간에는 술도 곁들이면서 부드러운 분위기 속에서 친목도모도 했다고 한다. 최선희는 술도 꽤나 잘 마시는 것으로 전해졌다. 스톡홀름에서 술을 곁들인 저녁 자리에서는 흥에 한껏 취해 미국 노래 중 아주 잘 알려진 곡을 직접 부르기도 했다고 한다. 노래 제목까지는 취재원 보호 차원에서 따로 밝히진 않겠다. 다만 이런 단적인 예는 최선희가 폐쇄적인 북한 사회의 일원이지만 국제무대에서 활동할 때는 그에 걸맞은 옷을 입고 적당히 분위기도 맞출 줄 아는 사람이라는 걸 보여준다.

스톡홀름에서의 협의는 같은 해 10월에도 있었다. 당시 북한에서는 최선희가 아닌 김명길 북한 외무성 순회대사가 협상 대표로 나섰다. 최선희와는 다른 스타일인 김명길은 특히 협상 내내 별다른 말을 하지 않았던 것으로 전해졌다. 실무협상만 8시간을 넘게 했는데, 미국 대표인 비건이 대부분 이야기하고 김명길은 거의 듣고만 있었다는 거다. 북한 측에선 협상이 시작되자 협상테이블에 녹음기를 떡하니 먼저 올려놨다고 한다. 즉 미국이 하는 말을 다 들어보고 북한으로 돌아가 최고결정권자인 김정은 위원장에게 보고한 뒤에 결정을 통보하겠다는 뜻이었다. 사실상 김명길은 질문하고 결정할 수 있는 권한을 안 받고 왔다는 게 협상 참석자들의 전언이다.

북한이 가장 원하는 건 '제재 완화'이다. 북한과 미국이 계속해서

줄다리기를 하는 이유도 바로 제재 완화 때문이다. 실제 2019년 하노이 북미 정상회담 당시 북한은 영변 핵시설 폐기의 대가로 유엔 안보리 제재의 전면적 완화를 요구한 바 있다. 당시 하노이 회담이 결렬되자 북한 리용호 외무상과 최선희 부상은 심야에 기자회견을 열고 "민수경제와 인민 생활에 지장을 주는 일부 제재만 해제해줄 것을 요구한다"라고 밝힌 바 있다. 일부 제재 해제라곤 했지만 따져보면 사실상 전면적인 제재 해제를 요구한 것이나 다름없다.

하지만 하노이 전까지 북한은 대놓고 제재 완화를 입 밖으로 내지 않았다. 북미 간 물밑 교섭에서는 이야기가 오갔을 수 있겠지만 적어도 표면적으로는 드러내지 않았다. 스톡홀름에서도 마찬가지였다. 스톡홀름에서 북미협상에 깊이 관여했던 관계자는 당시 분위기를 이렇게 전했다. "당시에 제재 완화와 관련해서 만약 북한이 미국에 '너 어디까지 해줄 수 있니'라고 물어봤다면 미국이 답을 해줬을 분위기였다"라고 했다. 그만큼 미국은 스톡홀름 협상에 임할 때 많은 준비를 해 갔다는 뜻이다. 비건은 우리 측 관계자에게 당시 협상 때 느꼈던 당혹스러움을 이렇게 전했다.

"미국은 나름 준비를 많이 해 갔고, 협상 내내 북측도 우리 이야기를 잘 듣는 분위기였는데 저녁에 전혀 다른 이야기를 해서 의외였다."

협상에서 북한은 미국 측에 별다른 질문도 하지 않았다고 한다. 북한은 미국의 이야기를 잘 들어보겠다는 자세로 임했고, 특히 김명길은 8시간 넘게 대화를 이어나갔다. 딱히 고자세로 나오지도 않았다고 한다. 또 북미 협상단이 다함께 호숫가 앞에서 단체사진까지 찍었다는데, 하지만 기자들 앞에서는 딴판인 모습을 보여줬다는 얘기다.

북측의 이상한 움직임이 감지된 건 협상 종료 약 한 시간 반 전쯤이었다. 북측 관계자가 협상장에서 먼저 빠져나와 기자회견을 위한 조명을 걸어둘 장소를 살펴봤다고 한다. 그런데 조명 걸어둘 곳이 마땅치 않자 김명길이 기자회견을 할 때는 결국 북측 관계자자 조명을 직접 들고 서서 비추는 장면이 연출됐다.

"북한은 오후 협상을 시작하면서 이미 이번 협상은 '결렬'이라고 결정한 것으로 보였다."

8시간에 걸친 미국의 긴 설명 끝에도 북한이 원하는 '답'은 없었던 것이고, 김명길은 그 '답'을 요구하지도 않았다. 스톡홀름 협상은 북한의 협상 스타일을 여실히 보여주는 단적인 예다. 김정은 위원장 외에 그 누구도 '결정의 권한'은 물론, '질문의 권한'도 없다는 것을……

"일단 내가 김정은을 만나봐야겠어"

역사상 두 번째 북미 정상회담인 '하노이 회담'은 비록 결렬로 끝났지만, 사실 '이 만남을 이 시점에 하는 게 옳은가' 이런 회의적인 시각도 많았다. 왜냐하면 2018년 6월 싱가포르에서 역사적 첫 만남이 있고 나서 불과 8개월 만에 다시 만나는 것이기 때문이다. 사실 첫 만남 이후 8개월이란 시간은 그리 긴 시간이 아니다. 때문에 두 정상이 만나서 이미 첫 번째 합의했던 것 이상으로 어떤 구체적 합의를 이뤄낼 수 있을지, 많은 이들은 의구심이 들었던 거다.

물론 김정은과 트럼프, 북미 정상의 조합은 앞으로 다시는 보기 어려운 조합일 수도 있다. 특히 트럼프 대통령은 충동적이기도 하고, 리얼리티 TV쇼 진행자 출신답게 '쇼잉Showing'도 잘한다. 물론 그러한 성격 덕분에 지금까지 보지 못했던 형식의 북미 정상 간 만남이 이뤄진 것일 수도 있다. 어쨌든 오랜 기간 외교관이나 남북 관련 업무를 해 온 사람들은 '하노이 회담'이 과연 잘될 수 있을까, 생각하긴 했다. 특히 하노이 회담 이전에 열린 '북미 간 실무회담'에서는 그다지 큰 성과가 없던 걸로 알려졌기 때문이다. 그럼에도 불구하고 2019년 2월에 북미 정상이 다시 만나게 된 이유가 있다. 바로 트럼프 대통령 때문이다.

미국은 처음부터 하노이 회담이 결렬될 가능성도 배제하지 않았다고 한다. 즉 '결렬 카드'를 트럼프 대통령이 즉흥적으로 내밀었던 건 아니란 얘기다. 실제 한국의 외교부 차원에서는 청와대에 하노이 회담 전에 '결렬 가능성'도 보고했던 것으로 전해졌다. 물론 그에 관해 비중 있게 보고하지는 않았을 것이다. 한 관계자는 "회담 전부터 미국 국무부 사람들로부터 결렬 얘기가 나오긴 했지만 가능성을 5퍼센트보다도 낮게 보긴 했다"라고 말했다. 누구나 긍정적인 측면을 기대하고 일을 추진하는 것이지, 부정적인 면을 앞세워 준비하지는 않으니까 말이다.

어쨌든 청와대도 보고는 받았지만 결렬 가능성은 거의 없다고 생각했던 것 같다. 실제 한 외교 소식통에 따르면, 회담이 결렬된 당일까지도 청와대는 북미 정상이 합의문에 서명하는 시점에 문 대통령이 TV로 그 장면을 시청하는 모습을 촬영해 홍보하려는 계획도 세웠던 걸로 전해졌다. 그만큼 결렬 가능성을 희박하게 봤다는 얘기다.

미국이 '결렬'을 염두에 두고도 그대로 회담을 밀어붙인 이유는 뭘

까? 트럼프 대통령의 의중 때문이었다.

'일단 내가 김정은을 만나보긴 해야겠다. 정상 대 정상으로 만나서 그 사람을 좀 더 알아보고 진의를 따져봐야겠어'라는.

물론 이것이 정확한 워딩은 아니겠지만 이러한 취지로 이야기했다는 전언이다. 베일에 싸여 있는 김정은이라는 사람을 싱가포르에서 한 번 만나보긴 했지만 그것만으로는 부족했다는 것이다.

사실 김정은-트럼프 간 협의 방식이 기존과 많이 달랐던 점 중 하나는 '탑 다운' 방식이라는 거다. 즉 정상과 정상이 먼저 합의를 하고, 그 후에 실무진이 이행하는 방식이다. 통상 기존에 정상 간 합의라고 하면, 실무진에서 먼저 합의를 끝낸 뒤 합의 내용을 각 정상에게 확인받고, 두 정상은 만남에서 그 내용을 다시 한 번 논의하는 듯한 '제스처'를 취한 뒤 서명하고 헤어지는 식이다. 그런데 트럼프-김정은 두 정상은 본인들이 허심탄회하게 협의해보고 합의가 이뤄지면 그 내용을 실무진이 이행하라는 방식이다. 물론 실무진에서 기본적인 틀은 논의했겠지만, 두 정상이 서명할 합의문 자체를 미리 만들어두지 않았다는 얘기다.

결국, 김정은 위원장과 트럼프 대통령의 '우선 만나보자'라는 의지로 북미 정상의 역사적 만남은 시작된 것이다.

'영변' 때문에……
'하노이 결렬' 초강수 둔 미국

베트남 하노이 거리 곳곳엔 김정은 위원장과 트럼프 대통령의 얼굴로 도배가 돼 있었다. 도로마다 화단도 만드느라 분주했다. 베트남에서 처음으로 역사적 만남이 이뤄지는 것인 만큼 시민들도 기대 반, 설렘 반인 것 같았다. 이번 만남이 두 정상 간 두 번째이긴 하지만 처음과는 또 많이 다른 분위기였다. 첫 만남에서야 '만남' 자체만으로도 의미가 크고 그야말로 '신기'했지만 두 번째 만남은 좀 달라야 했다. 미국에게도 북한에게도 '성과'가 중요했다.

　내 역할도 첫 싱가포르 회담 때와는 달라졌다. 싱가포르 회담에서는 청와대 출입기자로 출연 및 앵커를 담당했지만 하노이 회담에서는 외교안보팀장으로서 사실상 기자들의 업무 총괄을 맡아야 했다. 책임도 좀 더 무거워졌기에 기자들의 기사 아이템 하나하나에 신경이 쓰일 수밖에 없었다. 재밋거리와 주변 취재도 필요했지만 우선 가장 중요한 아이템 자체는 '하노이에서 미국과 북한이 뭘 주고받을 것이냐'

였다.

　1순위로 거론된 것이 '영변 핵시설'이었다. 평안북도에 위치한 영변은 북한 핵개발의 심장이라고 불린다. 가장 대표성을 띠고 있는 시설인 만큼 북한이 '영변 핵시설'을 어떻게 내놓을지, 미국이 과연 이를 받고 뭘 줄 수 있을지 등이 관심사였다.

2019년 2월
하노이 북미 정상회담을 앞둔
거리홍보판과 플래카드,
도로 통제를 시작한 베트남 군경

2019년 2월 28일 오후 12시경, 나는 하노이 현지 스튜디오에서 뉴스특보에 출연 중이었다. 앵커와 전문가와 함께 전날 저녁에 있었던 하노이에서의 북미 정상 만남과 오전에 있던 확대정상회담에 대해 이야기하고, 잠시 뒤로 예정된 오찬과 합의문 서명식이 어떻게 진행될지를 소개하고 있었다. 그런데 12시가 넘도록 스튜디오에 들어오는 오찬장 화면에는 아무도 앉아 있지 않았다. 정상 간 오찬인 만큼 시간약속은 웬만해서는 지켜지게 돼 있고, 정상들이 늦더라도 관계자들은 일찌감치 모습을 드러냈어야 했다. 아무래도 뭔가 이상했다. 순간 '이건 뭔가 잘못됐다'라는 생각이 들었다.

스튜디오 안에서 방송하면서 바깥 상황 파악을 위해 현장에 나가 있는 기자들에게 상황 보고를 재촉했다. 하지만 다들 '분위기가 이상하다'라는 말만 되풀이했다. 12시 40분경, 정상회담장인 메트로폴 호텔 인근에서 도로통제가 이뤄지고 있다는 소식이 들려왔다. 두 정상이 자리를 뜨려는 정황이 포착된다는 것이다. 방송 중이던 나는 일단 상황을 시청자들에게 전달했다. 다만 단정적으로 '회담이 결렬된 것 같다'라고는 말할 수 없는 상황이었다. 섣불리 예단할 수는 없기 때문이다.

잠시 뒤, 백악관 대표 취재기자의 메시지가 전달됐다. 트럼프 대통령이 기자회견을 당초 예정된 4시에서 2시로 당기고, 공동서명식 개최는 불투명하다는 내용이었다. 나를 포함한 현장에 있던 모두가 충격에 빠졌다. 백악관 기자의 메시지를 보니 회담 결렬이 거의 분명해 보였다. 하지만 여전히 공식 결렬 선언은 나오지 않았기에 방송에서는 수위 조절을 하면서 '결렬 가능성을 배제할 수 없게 됐다'라는 식으로 일단 시청자들에게 상황을 전달했다.

사실 하노이 회담 결렬 배경은 이렇다. 북한은 가장 중요한 핵시설 중 하나인 '영변'을 내놓기로 마음먹고 하노이에 왔다. 그렇게 마음먹기까지 뒤에서 큰 역할을 한 건 우리 정부다. 영변을 포기하면 미국이 그에 맞는 보상을 해줄 것이라고, 북한을 안심시켰던 것으로 알려졌다. 다만 우리 정부도, 북한도 간과한 부분이 있다면, 미국이 그걸로 만족하지 못할 것이라는 점이었다. 정상 간 회담이 이뤄지기 전에는 정상들이 서명할 결과물을 최종 조율해놓는 게 통상적이다. 그런데 큰 틀에서의 조율만 해둔 채 정상 간 서명할 부분은 남겨둔 것이 큰 실수였던 것으로 보인다.

트럼프 대통령은 회담장을 박차고 나온 뒤 기자회견에서 '영변보다 플러스알파를 원했냐'라는 질문에 "더 필요했다"라고 답했다. 그러면서 "나오지 않은 것 중에 우리가 발견한 것들도 있다. 사람들이 잘 모르는 부분이 있었다"라며 영변 이외에도 큰 핵시설이 있음을 공개적으로 밝혔다. 즉 '영변'이라는 카드 하나를 들고 60시간 이상 기차를 타고 온 김정은 위원장에게 트럼프 대통령은 '영변은 당연한 것이고,

이것도 같이 내놔라고 한 것이다. 이에 김정은은 적잖이 당황했을 것이고, 그에 비해 미국은 그다지 급할 게 없었던 거다. 트럼프가 모두 기대하던 '영변' 하나 받고 본국으로 돌아간다고 누가 그를 칭찬해줄 리 없었기 때문이다.

특히 트럼프가 하노이에 있던 기간 중 미국에서는 트럼프의 집사 역할을 하다 관계가 틀어진 코언 변호사의 청문회가 한창이었다. 코언이 계속 불리한 증언을 내놓고 있던 만큼 트럼프에겐 하노이 회담보다 더 신경이 쓰였던 것이 코언이었던 거다. 김정은과의 회담에서 아무리 좋은 성과를 얻어 돌아간다고 한들, 미국 내 비난을 피할 수 없는 상황이었다. 이런 상황에서 '영변' 하나 받아가느니 '결렬'이라는 선택이 오히려 여론의 시선을 분산시키기에도 좋았던 것이다. 미국에 돌아가서 '북한이 핵시설의 심장인 영변을 내놨지만 내가 그것만으로는 부족하다고 했다. 우리는 그보다 더 많은 걸 요구했고, 김정은이 내놓지 않아서 결렬시키고 왔다'라고 하면 비난할 미국인이 거의 없을 것이라는 계산이다.

'회담 결렬'이라는 미국의 초강수를 사전에 예고한 사람은 거의 없었다. 우리 정부도 '결렬' 가능성에 대해서는 거의 예상하지 못했던 것으로 알려졌다. 그렇다고 '결렬' 가능성이 '제로'였던 것은 아니어서, 외교부도 청와대에 보고하기는 했다. 다만 그 자체를 부각시키지는 않았을 것이다. 예상컨대 보고서에 썼더라면 여러 내용을 담은 뒤 마지막장에 8폰트의 잘 안 보이는 작은 글씨로 '결렬 가능성도 배제할 수는 없으나 희박함' 정도로 끼워 넣지 않았을까?

어쨌든 김정은 위원장에게 '하노이 결렬'은 큰 충격이었을 테고, 이를 지켜본 우리 정부도 속을 끓이기는 마찬가지였다는 얘기다. 그리고 그 여파는 아직까지도 계속되고 있다.

'하노이 결렬' 전날 밤,
초저녁에 불 꺼진 트럼프의 방

기자들은 현장을 목숨처럼 여긴다. 현장 냄새가 나지 않는 기사는 죽은 기사라는 말도 있다. 그런데 외교안보 분야에선 생생한 현장을 찾기가 매우 힘들다. 이슈가 거의 고위급 정부 당국자들 사이의 협상으로 돌아가는 경우가 대부분이기 때문이다. 협상은 당연히 비공개로 이뤄지고, 기자들은 회담장에 접근조차 못하는 경우가 비일비재하다. 외교안보 기사에 흔히 쓰이는 용어들만 봐도 그렇다. '물밑 접촉', '외교 소식통', '전략적 모호성'······.

하지만 유례없는 외교 이벤트가 벌어진 지난 몇 년간, 외교가에도 땀 냄새 나는 현장이 있다는 것을 배웠다. 특히 현장에서 느낀 묘한 기류, 별것 아닌 것 같지만 이상하게 마음이 걸렸던 작은 팩트 조각들은 나중에 거대한 진실 혹은 큰 그림으로 정체를 드러냈다. 기자들이 아무리 발 빠른 취재를 해도 정부 당국자에 비하면 가진 정보가 한줌도 채 되지 않는 경우가 많다. 하지만 기자라서 느낄 수 있는 고유 영역이

있다는 걸 새삼 확인한 시
절이었다. 하노이 결렬 전
날 밤, 김정은 위원장이 머
물던 호텔에서의 취재가
바로 그랬다.

김정은 숙소인 멜리아 호텔 앞

협상 이틀째인 2월 28일. 나는 김정은 위원장 일행의 숙소인 멜리
아 호텔로 향했다. 아침뉴스 중계를 하기 위해서였다. 2월의 하노이
는 의외로 추웠다. 특히 새벽 4시의 공기는 상당히 찼다. 그래봤자 영
상 10도 안팎이었을 텐데, 아마 호텔 앞에서 느껴진 팽팽한 긴장감과
삼엄한 경비 때문에 그랬는지도 모르겠다. 전날 회담은 20분가량 짧
게 끝난 탐색전 성격이었고 이날은 그야말로 담판을 내는 날이었던
것이다.

호텔 앞은 적막했다. 취재진은 우리뿐이었다. 총대를 멘 베트남
군인들이 우리를 유심히 쳐다봤다. 갓길에 세워진 트럭 안에서 경비
견들이 사납게 짖어댔다. 장갑차가 하나 둘씩 바리케이드 안으로 들
어갔다. 몇 시간 뒤에 있을 김정은 위원장의 이동 동선을 확인하고 경
비를 강화하려는 모양이었다. 축제 분위기였던 전날 낮 동안의 하노
이 풍경과 사뭇 다른 분위기에 어쩐지 간담이 서늘해져 얇은 재킷을

단단히 여몄던 것 같다.

컴컴한 어둠 속에서 호텔 방 곳곳에 불빛이 환하게 켜져 있는 것이 눈에 들어왔다. 김 위원장이 묵고 있다는 꼭대기 층에도 불이 켜진 듯했다. 노트북을 펼쳐 '김정은 위원장과 실무진은 밤을 새워 정상회담 준비를 한 것으로 보입니다'라는 멘트를 쳐 넣다가 고민 끝에 지웠던 기억이 난다. 명확히 확인되지 않은 상황에서 '초를 쳐서' 기사를 쓸 용기가 나지 않았다. 최대한 건조하게 현장 상황과 일정을 알려야 한다는 중압감 같은 게 작용했던 것 같다.

서서히 동이 트면서 어둠에 가려졌던 장갑차들이 묵직한 모습을 드러낼 때쯤 세 차례의 중계를 마쳤다. 취재진 숙소로 들어가 부족한 잠을 잠시 보충하고 생중계 방송을 켰다. 김정은 위원장은 다소 피곤한 모습으로 회담장에 등장했다. 그래도 그날 오전까지는 희망적인 분위기였던 것 같다. '합의문이 곧 나올 테고, 바빠지겠군.' 채비를 마치고 동료들이 있는 미디어센터로 출발하려는데, 예정됐던 오찬이 진행되지 않고 있다는 소식이 들렸다. 외신 카메라가 비춘 메트로폴 호텔의 오찬장은 텅 비어 있었다. 그때의 싸한 기분을 아직도 잊을 수 없다.

당시 미디어센터도 크게 술렁였다고 한다. 미국 공영방송인 '미국의 소리Voice of america' 기자들을 백악관 공보팀으로 오인한 취재진이 영문을 묻기 위해 한꺼번에 몰려드는 해프닝도 벌어졌다. 협상 결렬이 공식화되자 우리 팀을 비롯한 모든 기자가 '멘붕'에 빠졌다. 당시 베트남 당국에 취재 등록된 취재진은 3500여 명. 이렇게 많은 다국적 기자들이 일시에 오소소 소름이 돋는 순간을 경험하기란 아마 매우 드문 일이었을 거다.

"트럼프 대통령 곧 출국한대. 진이가 지금 바로 공항으로 가자."

협상이 결렬되자 미국 측은 더 이상 하노이에 있을 이유가 없다고 생각했나보다. 기자회견을 마친 트럼프 일행이 당초 예정된 시간보다 일찍 하노이를 떠난다는 속보가 나왔다. 이제 취재진은 그 모습을 카메라에 담기 위해 뜻밖의 질주를 벌였다. 트럼프 대통령보다 빨리 노이바이 국제공항에 도착하기 위해서였다. 베트남 정부가 일찌감치 도로를 통제하면서 공항으로 가는 길이 너무나 막혀 손에 땀을 쥐었던 기억이 생생하다.

충격에 휩싸인 하노이가 패닉에 빠져 허우적댈 동안 노이바이 공항은 때 아닌 경호 소동으로 분주했다. VIP 게이트엔 경호원들이 몰려들면서 혼란을 빚었다. 취재진은 VIP 통로에 삼각대를 설치하고 기다렸다. 미국 협상팀의 차량이 잇따라 들어왔다. 곧이어 트럼프 대통령의 전용차인 캐딜락 원이 빠른 속도로 게이트를 통과했다. 일명 '비스트'라 불리는 육중한 방탄 리무진이다. 짙은 선팅 탓에 안에서 트럼프가 어떤 표정을 짓고 있는지는 포착하지 못했다.

여담이지만 나는 이 '비스트'를 그로부터 넉 달 뒤 용산 미군기지 인근에서도 마킹했다. 하노이에서도 용산에서도, 비스트가 옆을 지나갈 때마다 스마트폰 통신이 2분 정도 끊겼다. 도청 등을 방지하기 위해 차량 내부에 보안 시스템을 깔아놓은 것으로 추정된다. 생방송을 위해선 분·초를 다투는 보고가 중요하지만 이때만큼은 한발 늦은 보고를 할 수밖에 없었던 이유다.

곧이어 전용기인 에어포스원이 활주로를 떠났다. 전 세계의 이목이 쏠린 '결전의 날'은 이렇게 허무하게 끝나버렸다. 취재 장비를 챙겨 공항을 떠나는 차 안에서도 착잡한 침묵이 이어졌다. 촬영기자와 오디오맨, 현지 코디 모두 일주일 동안 밤잠 줄이며 일하면서도 힘든 줄 몰랐다. 생각해보면 예기치 못한 어려움이 하루에도 몇 번씩 발생했지만 손발이 척척 맞았다. 단지 역사적 현장을 취재하고 있다는 보람 때문만은 아니었을 것이다. 이 지난한 과정의 끝에 긍정적인 결과가 있을 것이라는 희망, 막연하지만 세계가 평화로 한 걸음 나아가고 있다는 기대가 고단함도 잊게 만들었는데. 드러내지는 않았지만 눈빛으로 알 수 있던 속상한 마음을 그저 서로 침묵으로 대신했던 것 같다.

나중에 들어보니 트럼프 대통령의 숙소는 협상 전날 초저녁에 불이 꺼진 뒤로 당일 이른 아침까지도 불이 켜지지 않았다고 한다. 절실

했던 김정은 위원장과 달리 트럼프 대통령은 '결렬'을 하나의 카드로 생각하고 있었던 거다. 나아가 결렬을 사실상 마음먹고 있었다는 점도 드러났다. 2020년 9월 출간된 존 볼턴 전 미국 백악관 안보보좌관의 회고록《그 일이 일어난 방The Room Where it Happened》을 보면, 트럼프 대통령은 회담 전날 밤늦게까지 개인 변호사인 마이클 코언의 청문회를 보는 데 집중하느라 김정은과의 회담은 안중에도 없었다고 한다. 환하게 불이 켜진 김정은의 숙소와 불 꺼진 트럼프의 숙소의 대조적 풍경은 결국 협상 결렬의 복선, 전조 증상 같은 것이었다.

모 취재원에 따르면 김정은 위원장은 북한으로 돌아가는 기차 안에서 술에 만취해 괴로워했다고 한다. 하노이에서 평양까지의 거리는 4500킬로미터. 기차로 60시간 이상 걸리는 먼 길을 빈손으로 돌아가야 하는 심경은 어땠을까. 김정은은 당시 '역사적인 조미 수뇌 상봉'을 치적으로 내세우던 터였다. 선대에서 하지 못했던 성과를 이뤘다는 점, 북한이 더 이상 고립된 테러국가가 아닌 정상국가로 나아가고 있다는 점을 인민에게 과시하고 싶었을 것이다. 그로부터 몇 달 뒤, 김정은은 협상을 지휘한 김영철 북한 노동당 부위원장을 경질하고 협상 라인을 대거 교체한다. 김영철은 훗날 복귀했지만 실무 협상진인 김혁철, 김성혜는 여전히 보이지 않는다.

회담장 나가는
트럼프 대통령 붙잡은 최선희

하노이에서 '결렬'을 선언하고 회담장 밖으로 나오던 트럼프 대통령의 뒤를 쫓아 뛰어온 사람이 있었다. 바로 최선희 제1부상이다. 최선희는 북미협상을 주도하는 인물로, 쉽게 말해 북한 외교관 중 '에이스'라고 보면 된다. 카리스마 넘치고, 똑똑하기도 한 인물이다. 외교가에 따르면 최선희가 북한에서 클 수 있었던 배경에는 이런 여러 요소를 갖췄기 때문이기도 하지만, 김정은 국무위원장의 동생인 김여정 제1부부장과 친해서라는 이야기도 있다.

하노이 북미회담 때도 최선희는 주도적 역할을 했다. 회담 기간 중 북한 매체가 보도한 사진이 있다. 하노이에서 김정은이 묵은 방에 김정은을 포함한 북한 실무협상단이 회의하고 있는 장면이다. 김정은은 담배를 피우며 바로 옆에 앉은 최선희 쪽을 바라보면서 무언가를 지시하고, 최선희는 이를 열심히 받아 적고 있다. 둥근 테이블에는 김정은, 최선희 외에 김혁철 당시 대미특별대표와 리용호 외무상, 김성혜 통일전선부 통일책략실장이 앉아 있다. 당시 실무협상 책임자로 알려진 김영철 노동당 부위원장은 사진에서는 보이지 않는다. 이 사진의 구도만 보아도 북미협상에 있어서 김정은의 '오른팔'은 최선희라는 점을 단번에 알 수 있다.

하노이 회담 결렬 직후 트럼프를 뒤따라 나온 최선희는 이런 말을 했다고 한다. "영변 다 내놓을 테니 합의하자"라고. 그러자 트럼프 옆에 있던 비건 미 국무부 대북정책특별대표가 "트리티움도 내놓을 수 있냐"라고 물었다는 것이다. '트리티움'은 수소폭탄 원료인데, 갑작스러운 질문에 최선희는 당황하며 대답하지 못했단다. 그러자 옆에 서 있던 트럼프가 "고마운데 이번에는 아닌 것 같다. 다음에 준비해서 다시 하자"라는 말을 남기고 회담장을 떠났다고 전해졌다.

물론 이 장면을 당시 협상장에서 직접 볼 수는 없었지만, 협상에 관여한 관계자들의 이야기를 종합해보니 이런 에피소드가 전해진다.

도대체 영변은 어떤 곳?

외무성도 못 건드리는 과학자들의 성지

지난 몇 년 동안 평양만큼이나 자주 언급된 북한의 지명은 평안북도 '영변'일 것이다. 북한이 비핵화 조치 첫 단계로 꺼내놓은 '영변 핵단지'는 어떤 곳일까. 김소월 시인의 시 〈진달래꽃〉에 나오는 구절 '영변에 약산 진달래꽃'으로 유명한 그 영변이 맞다.

영변은 한마디로 북한의 핵심 핵시설이다. 북한은 1960년대 소련의 도움으로 영변에 핵시설을 조성하고 핵무기의 원료인 플루토늄과 고농축 우라늄을 만들어내기 시작한다. 북한이 최초로 건설한 대규모 핵 연구 실험 단지라고 보면 된다. 영변은 분지 지형인 데다 구룡강이 근처에 있어서 시설을 위장하고 물을 끌어 쓰기 좋은 요새 같은 구조를 갖췄다고 한다.

이렇게만 들으면 사실 크게 와닿지 않는다. 나를 포함한 주변 사람들은 영변을 '원통형의 육중한 건물이 들어차 있고, 그 안에서 무언가 비밀스러운 일이 일어나는 공상 영화 속 악당 과학자들의 요새' 같은 이미지를 떠올리는 경우가 대부분이다.

거기서 일하는 사람들은 도대체 누구일까. 북핵 전문가들에 따르면 영변의 과학자들은 상당히 막강한 권한을 갖고 있다고 한다. "외무성 관계자들이 와도 끄떡하지 않는다"라고도 전했다. 실제로 북한 당국은 핵무기를 개발하는 과학자들에게 최고 대우를 해준다. 고급 주택이나 자동차 선물 같은 경제적 혜택뿐만 아니라 영웅으로 치켜세우며 민심을 자극하기도 한다. 각종 처벌에서도 제외되는 것으로 알려진다.

김정은 위원장도 이 기조를 이어가고 있다. 평양 시내에 초고층 건물들이 들어선 '미래과학자거리'를 만들면서 수십 층짜리 주상복합 아파트를 지어 과학자들에게 제공했다고 한다(그런데 그 아파트들이 날림 공사로 붕괴 우려가 제기되고 있다는 건 '안 비밀'이다. 무리한 공사로 정작 민생은 어려워졌다는 것도. 어마어마한 자본이 들어간 시설이 소수 특권층에게만 돌아간다는 불편한 진실. 진정한 과학 발전을 위한 길이라기보단 체제 유지를 위한 기형적인 투자인 셈이다).

아무튼 과학자들에 대한 대우가 좋다 보니 김일성대 원자력공학과의 인기도 좋은 편이라고 한다. 미국이 경수로를 제공하는 대가로 북한이 핵 개발을 동결하기로 약속한 제네바 합의(1994년) 당시 잠시 인기가 사그라졌다가, 핵 개발에 다시 박차를 가하던 2000년대엔 또 다시 인기가 높아졌다.

영변의 과학자들은 자부심이 매우 강하며, 핵 연구에 목숨을 건 만큼 일에 대한 애착 또한 대단하다고 한다. 정치적인 목적, 당에 대한 충성심과는 별개로 인생을 바친 과학자로서 핵시설을 자식처럼 여긴다는 것이다. 일례로 제네바 합의가 이뤄진 뒤 북쪽 과학자들이 폭풍 눈물을 흘렸다는 뒷얘기도 전해 들었다.

역사적 판문점
남·북·미 회동의 굴욕

문 대통령 임기 초기, 청와대를 출입하면서 가장 보람을 느꼈던 부분은 남·북·미 대화의 중심에 있었다는 것이다. 남북, 북미 정상회담 등이 연달아 열리면서 '정말 통일되는 거 아냐?' 그런 생각도 했다.

　일각에서 문 대통령의 대북정책을 무조건 비판할 때는 '정말 뭔가 이뤄질 것 같은데 왜 다 된 밥에 재를 뿌리는 걸까' 하는 원망도 들었고, '왜 그렇게 북한에 저자세로 나가는 것이냐'라는 비판을 들을 땐 그저 문재인 정부에 날을 세우는 이들의 근거 없는 주장일 뿐이라고 생각했다. 문재인 정부는 완전히 차단됐던 북한과의 대화에 다시 물꼬를 텄고, 미국과 북한이 대화하는 발판도 마련한 공이 분명하지 않은가.

　하지만 이런 노력 뒤엔 아쉬움도 없지 않다. 남·북·미 정상이 한자리에 모여 역사적 장면을 만들었던 판문점 회동 뒷이야기를 듣고 나서 들었던 생각이다.

2019년 6월 30일, 남·북·미 정상이 판문점에 모였다. 지금까지 단 한 번도 없었던 사건인지라 전 세계가 우리를 주목했다. 특히 우리 정부는 판문점에서 남·북·미 회담이 이뤄지는 것인 만큼 '중재자'로서의 역할을 부각하기 위해 총력을 쏟았다. 하지만 역사적 남·북·미 회담을 우리 정부의 작품이라고 보긴 어렵다. 트럼프 대통령은 6월 말 일본 오사카에서 열린 G20 정상회담에 참석했다가, 한국 방문이 예정된 당일 아침 북한 김정은 위원장을 판문점에서 만나면 좋겠다는 트윗을 올렸다. 그 트윗 하나로 갑자기 남·북·미 회동이 이뤄지게 된 것이다. 물론 그동안 우리 정부도 많은 공을 들였지만, 회동을 단번에 성사시킨 것은 트럼프 대통령의 트윗이었다.

남·북·미 회동이 성사되기 전날, 청와대에선 윤건영 당시 국정상황실장이 대표로 판문점에 미리 가서 북한에 회담을 제안했다. 하지만 당시엔 북한이 아무런 대답도 해주지 않았다고 한다. 북미 정상이 만나는 사실을 알게 된 것은 북한을 통해서가 아니라 미국 측이 우리에게 통보해주어서였다. 다만 트럼프 대통령은 북미 정상이 만나는 자리에 문 대통령이 오는 걸 탐탁지 않아 했다고 한다.

판문점에서 열리는 대형 이벤트인 만큼 우리 정부는 적극적으로 개입하려고 애썼다. 그러나 북한과 미국 양쪽 다 문 대통령의 참석은 원치 않았기 때문에 결국 회담엔 참석하지 않기로 하고, 다만 판문점에 가서 양 정상과 담소를 나누고 사진 찍는 모습을 연출하기로 한 것이다. 실제 존 볼턴도 회고록《그 일이 일어난 방》에서 당시 상황을 설명한 바 있다. 마이크 폼페이오 당시 국무장관은 "문 대통령의 생각을 전날 밤 타진했지만 북측이 거절했다"라고 했고, 문 대통령은 "김 위원장이 한국 땅에 들어섰을 때 내가 없으면 적절하지 않게 보일 것"이라면서 "김 위원장에게 인사하고 그를 트럼프 대통령에게 넘겨준 뒤 떠나겠다"라고 제안했다고 한다. 하지만 트럼프 대통령은 "나는 그러길 바라지만 북한 요청대로 할 수밖에 없다"라면서 에둘러 거절했다. 하지만 문 대통령은 재차 제안했고, 트럼프 대통령 역시 또 한 번 거절했다가 결국 DMZ 내 관측 초소까지만 동행하고 그 이후에 무얼 같이할지는 다시 결정하기로 협의했다. 결국 문 대통령은 트럼프 대통령, 김정은 위원장과 함께 4분 정도의 짧은 만남을 가질 수 있었다.

판문점에서 북미회담이 진행되는 동안 문 대통령은 다른 방에 홀로 있었다. 트럼프 대통령과 김 위원장 사이에서 오간 이야기를 전혀 알 수 없는 상황이었다. 북미회담이 진행되는 방에 따로 카메라가 설치된 것도 아니었고, 방송 카메라들도 회담 초반만 찍고 다 빠졌기 때문이다. 회담이 정확히 언제 끝나는지도 정해져 있지 않았다. 때문에 문 대통령은 다른 방에서 대기하고 있다가 트럼프 대통령과 김 위원장이 나가는 시간에 맞춰서 등장했다.

소식통에 따르면, 북미회담이 열리고 있는 회의장 앞을 참모진이

지키고 있다가 두 사람이 나오는 시점에 재빠르게 문 대통령에게 알렸다는 것이다. 그렇게 해서 나온 사진이 북미회담이 끝난 직후 세 정상이 '자유의 집'에서 나오는 장면이다.

문 대통령은 나름대로 최선을 다했다고 생각한다. 하지만 이 이야기를 듣고 나서는, 기자이기 전에 국민의 한 사람으로서 속이 좀 상했다. 차라리 공식적으로 세 사람이 사진을 찍을 수 있게 실무진에서 미리 시간 조율이라도 해놨더라면 우리 측 체면이 덜 구겨졌을 텐데, 하는 아쉬움이 남는 대목이다.

우여곡절 끝에 성사된 세 정상의 짧은 만남

'김정은 서울 답방'
본격 준비했던 청와대

문재인 정부 들어 남북 정상회담과 북미 정상회담이 연이어 이뤄지면서 청와대는 기회가 될 때마다 '김정은의 서울 답방' 불씨를 지폈다. 특히나 한창 평화 무드가 무르익던 2018년은 김정은의 서울 답방을 구체화하는 단계였다. 1, 2차 남북 정상회담 후, 정부는 북미 정상회담이 빨리 잡히지 않으면 김정은의 서울 답방부터 추진해본다는 계획이었다. 언론도 한동안 김정은이 과연 서울을 방문할지를 두고 온갖 추측 기사들을 쏟아냈다. 당시 정부 관계자는 "김정은 위원장이 방문한다고 하면 당일치기도 배제하지 않는다"라고 했다.

언론에서는 김정은 서울 답방에 그동안 북한 고위급들의 숙소로 자주 이용된 워커힐을 거론했지만, 청와대는 워커힐이 청와대와 거리가 멀어 고려 대상에서 제외했던 것으로 전해졌다. 김정은 이동 시, 워커힐에서부터 청와대까지 도로를 다 막을 수 없어서다. 여러 위험 요소가 있을 수 있기에 청와대는 '당일치기'를 선호했던 것 같다. 만일 당일로 답방이 이뤄질 경우, 남북 정상이 아쉽지 않도록 늦은 시간까지 이벤트를 준비해둘 것이라고 했다. 또 당시엔 남북 간 철도 착공식 등의 남북 경협이 본격적으로 논의되던 만큼 김정은이 철도를 이용해 내려오는 퍼포먼스도 가능하다는 게 청와대의 구상이었다.

청와대로서는 김정은이 답방하면 기자회견도 추진하고 싶어 했다. 물론 북한의 최고 존엄이 과연 승인할지는 알 수 없는 일이고 가능성도 희박했지만, 정부는 김 위원장의 답방만 이뤄진다면 이벤트 자체를 극대화하고 싶어 했다. 다만 '할아버지 때 남침' 등의 민감한 질문이 쏟아질 수 있는 만큼, '김정은 기자회견'은 그저 희망사항으로 여기는 듯했다.

실제로 기자들은 청와대의 구상이 실현되기 어려울 거라고 보긴 했다. 동료 기자들도 "김정은이 연설하다가 계란이라도 맞아봐라, 전쟁 난다"라고 우스갯소리를 했다. 단순한 방문이 아닌 '퍼포먼스'가 필요했기 때문이다. 문재인 대통령이 평양 5.1 경기장에서 15만 명을 앞에 두고 연설을 했으니, 김 위원장에도 그에 필적한 자리를 만들어주어야 할 터였다. 하지만 '다이내믹 코리아'에선 불가능한 일이었다. 당장 서울 시내 곳곳에서 산발적으로 이어지던 태극기 부대의 집회가 떠올랐다. 김 위원장이 '멸공' '빨갱이'라고 적힌 팻말, 혹은 본인을 극단적으로 희화화한 사진을 보게 된다면 무슨 일이 벌어지겠는가?

김 위원장이 전용기 '참매 1호'를 타고 서울공항으로 들어와 청와대를 방문하고 서울 시내 곳곳을 둘러본다고 해보자. 사실상 사대문, 아니 서울 전체를 봉쇄하는 수준의 경호가 필요할 것이다. 하지만 그게 가능한 일인가. 북측 1인자의 방문을 명목으로 국민의 통행의 자유와 집회 시위의 자유를 제한하는 것은 납득할 수도 없고, 있어서도 안 될 일이다.

사실 김 위원장도 이 부분을 염두에 두고 있었다고 한다. 평양 남북 정상회담에 특별 수행원으로 동행했던 당시 민주평화당 박지원 의원은 김 위원장이 "많은 사람이 답방 가지 말라고 하지만 가겠습니다. 태극기 부대 반대하는 것, 조금 있을 수 있는 것 아닙니까"라고 말했다고 전했다. 하지만 아무리 김 위원장이 서울 사정을 잘 알고 각오했다 한들, 직접 두 눈으로 모욕적인 장면을 맞닥뜨렸을 때 어떤 심경의 변화가 있을지는 예측하기 어려웠다. 날 때부터 백두혈통의 이름으로 비정상적인 환경에서 떠받듦을 받고 자란 그가 아닌가. 아무튼 여러모로 김 위원장의 서울 답방은 현실성이 떨어져 보였다.

하지만 당시는 불가능해 보였던 많은 일이 눈앞에 현실로 펼쳐지던 시절이었다. 당장이라도 전쟁이 날 것 같던 2017년의 엄혹했던 분위기가 눈 녹듯 사라지고, 북측 고위급의 평창 동계올림픽 방문으로 삽시간에 훈풍이 불며 남북 정상회담 - 북미 정상회담이 줄줄이 성사된 시절. 그러니 어쩌면 김 위원장의 서울 방문도 한낱 백일몽에 그치지 않을 수 있다는 일말의 기대가 맴돌았다.

실제로 그해 11월, 김정은 위원장의 답방이 멀지 않았다는 조짐이 보였다. 특히 김정은 위원장이 제주도를 방문해 한라산을 등반할 것이란 가능성이 거론됐다. 북한은 평양 정상회담이 끝난 뒤 청와대로 송이버섯 2톤을 보냈는데, 청와대가 답례로 제주산 귤 200톤을 보냈다는 것이 심상치 않은 신호로 읽혔다. 천해성 당시 통일부 차관이 직접 공군기를 타고 귤을 전달한 것도 의미심장해 보였다. 단순 배달이 아닌, 남북 고위급 접촉이 있었을 것이란 암시를 주었다.

제주도는 김 위원장의 외갓집 고향이기도 하다. 김 위원장의 생모인 고영희의 아버지 고경택이 제주도 조천에서 태어났고, 지금도 제주 봉개동에 묏자리가 있다. 제주도에선 이미 김 위원장의 방문을 기정사실로 여긴 듯했다. 원희룡 제주도지사가 직접 한라산 정상에서 현장 상황을 미리 점검하기까지 했다 하니, 그야말로 여기저기서 기대가 들끓던 시기였다. 서울 역시 마찬가지였다. 코엑스 컨벤션센터를 정상회담 장소로 쓰기 위해 특정 날짜에 비워뒀다는 얘기까지 들렸다.

하지만 기대와 달리 취재는 도통 소득이 없었다. 고위급 관계자, 소식통을 통한 정보 입수는 한계가 있었다(지금 생각해보니 그들도 몰랐기 때문이다……). 간혹 맨땅에 헤딩하다 얻어걸린 정보가 특종이 되는 경우도 있기에 취재진은 무식한 방법을 택했다. 서울 시내 주요 호텔과 시설에 전화 돌리기. 워커힐은 청와대에서 앞서 언급한 이유로 옵션에서 제외한 걸 뒤늦게 파악했지만, 당시는 워커힐을 포함해 서울 남산의 그랜드 하얏트 호텔 등을 취재했다. 그 밖에 신라, 힐튼, 포시즌스 등 5성급 이상의 호텔 객실 담당자의 전화기는 불이 났다고 들었다.

제주도에선 신라 호텔이 유력하게 거론됐다. 경관이 훌륭한 데다 두 정상이 함께 걷는 장면을 연출할 만한 산책로도 곳곳에 조성돼 있었기 때문이다. 답방 날짜로 알려진 그해 12월 3주차에 스위트룸을 비롯한 모든 예약이 다 찼다는 점도 불을 지폈다. 호텔 측은 내부 행사 때문이라고 했지만 그 말을 믿는 사람은 별로 없었다. 신라 호텔뿐 아니라 제법 규모가 있는 호텔들은 실제로 실무 준비에 돌입했다고 한다. 당시 제주도에서 호텔 사업을 하던 취재원은 "몇몇 호텔들이 북측 인사들의 방문을 가정하고 내부 회의를 여는 등 들썩였다. 행사를 유치한다면 그야말로 역대급 홍보 효과를 누릴 수 있기 때문에 들뜬 분위기"라고 귀띔해주었다. 특히 김정은 위원장이 헬기로 한라산을 방문할 경우를 대비해 취재진은 헬기 착륙장이 있는지도 꼼꼼히 살폈던 기억이 난다.

하지만 이 '무식한 취재'도 소득 없이 끝났다. 정부가 서울과 제주의 주요 호텔들을 특정 시기 예약해뒀다는 정보도 들렸으나 그 이상의 무언가는 없었다. 해가 넘어가기까지 얼마 남지 않았는데 북측 관계자들의 사전 답사 소식도 들려오지 않았다. 취재를 종합하면 우리 정부가 대략적인 날짜 정도는 전달한 것으로 보이나 그 이상 나아가지는 못한 것으로 보인다.

이듬해인 2019년 11월 부산에서 열린 한-아세안 특별정상회의에 김 위원장이 참석할 것이란 얘기도 나왔으나 그 역시 물거품이 됐다. 북한 《노동신문》은 '모든 일에는 때와 장소가 있는 법이다'라는 제목의 기사를 통해 "남측의 기대와 성의는 고맙지만 김 위원장께서 부산에 나가서야 할 합당한 이유를 끝끝내 찾아내지 못한 것을 이해해주길 바란다"라고 거절했다. 그 이후에도 김 위원장의 서울 답방은 끝난 일이 아니라는 얘기가 여러 번 나왔으나 기대감은 확 떨어졌다. 기자들도 손에 잡히는 게 없으니 취재 동력이 많이 떨어졌던 것 같다.

결국 '김정은의 서울 답방'은 해프닝으로 끝났지만, 그만큼 신나게 취재할 때가 없었던 것 같아 기억에 많이 남는다. 김 위원장 일행이 왔다면 서울 곳곳에 기자들이 포진돼 생중계했을 것이다. 방송사 중계차량이 도심 곳곳에 배치됐을 테고, 하루 종일 특보 뉴스를 내보내느라 보도국은 불난 호떡집이 됐을 것이다. 사건 사고나 재난 재해가 아닌 일로 특보를 내는 건 기자로서는 꽤나 반가운 일이다. 아주 드물게 있는 축제라고나 할까.

이제는 언급만 해도 비웃음을 사는 이슈가 됐으니 씁쓸하다. 이것이 가능할 것이라 믿고 취재하던 시절이 불과 몇 년 전이라는 사실이 아득하게만 느껴진다.

죽을 고비를 넘기고 살아난
판문점 소나무

2018년 4월 남북 정상회담의 하이라이트였던 도보다리는 2019년 5월 시민들에게도 개방됐다. 하노이 북미 정상회담이 결렬된 뒤의 일이다.

기자도 당시 취재차 공동경비구역을 찾았다. 그때만 해도 비무장지대로 향하는 길목에는 어렴풋이 희망 같은 것이 남아 있었던 것 같다. 일단 군사정전위원회 건물 앞에 무장하지 않은 경비대원들이 눈에 들어왔다. 9.19 남북 군사합의에 따라 남북 양측이 각각 비무장 병력 35명만 두기로 약속하면서 바뀐 장면이었다. 과거엔 권총을 찬 병력이 상대방을 노려보는 구조였다. 얼마간 긴장은 줄어든 셈이다. 안내에 나선 당시 유엔사 소속 경비대대장도 "분위기가 긴장에서 평화로 바뀌었다"라고 말했다.

견학에 나선 시민들도 밝은 모습이었다. 소감을 묻는 기자에게 "어쩌면 여기서 평화가 이뤄질 수도 있겠다는 기대가 된다"라며 웃었다. TV로만 보던 도보다리가 생각보다 소박하다며 이런 곳에 세계의 관심이 집중되었다는 게 더욱 신기하다는 얘기도 나왔다.

남쪽 자유의 집 맞은편에 있는 북측 판문각에선 중국인 관광객으로 보이는 일행이 호기심 어린 눈빛으로 남쪽을 건너보고 있었다. 북한 군인과 스마트폰으로 기념사진을 찍기도 하고 남쪽을 향해 손을 흔들기도 했다. 우리 관광객들도 신기한 듯 손을 흔들었다. 안타까움과 벅차오름이 공존하던 봄날이었다.

4.27 남북 정상회담 당시 문재인 대통령과 김정은 위원장이 함께 심은 기념식수도 시민들에게 공개됐다. 당시 문 대통령과 김 위원장은 이 소나무에 각각 한라산과 백두산 흙, 한강과 대동강 물을 뿌렸다. 표지석에는 '평화와 번영을 심다'라는 글귀가 새겨져 있다. 그 소나무는 지금도 잘살고 있을까.

판문점에 소나무를 심은
문재인 대통령과 김정은 위원장

애석하게도 한 번 죽을 뻔했다고 한다. 원인 모를 병으로 시름시름 시들어갔다는 것이다. 이 식수를 관리하는 병사는 나무가 죽지 않도록 제때 물을 주고 관리하는 것이 지상 최대의 과제가 되었다. 애가 탄 건 북측 병사들이었을 것이다. 식수가 남측에 있기 때문이다. 최고 존엄이 직접 심은 만큼 이 식수를 매우 신성시했다는데 나무가 죽어가는 것을 보면서도 아무것도 할 수 없어 입술이 바싹바싹 탔을 것이란 얘기다. 다행히 나무는 되살아났다. 1953년생 나무라는데 소나무의 수령은 보통 400년 정도라고 한다.

코로나19 때문에 2020년부터 견학이 중단과 재개를 반복하면서 이제는 쉽게 가볼 수 없는 곳이 되었다. 2021년 말 판문점을 다녀온 정부 관계자에 따르면, 코로나19 때문에 북측 구역의 분위기가 한층 살벌해졌다고 한다. 중국인 관광객들로 북적이던 판문각은 적막만 흐르고, 간혹 북측 관계자들이 머리부터 발끝까지 노란 방역복을 입고 드나드는 모습만 목격된다는 것이다. 환희와 아쉬움의 더께가 쌓인 공동경비구역은 오늘도 팽팽한 긴장감만 감돌고 있을 것이다.

종전선언,
공허한 외침이었나

문재인 정부가 북한과 관련해 마지막까지 성사시켜보려고 한 사안은 바로 '종전선언'이다.

2021년 9월, 문 대통령은 뉴욕에서 열린 제76차 유엔총회 기조연설에서 종전선언을 제안했다. 이틀 뒤 김여정 북한 노동당 부부장이 담화문을 내고 '종전선언은 흥미롭고 좋은 발상'이라고 밝히면서 침체 됐던 외교가에 활력이 생겼다. 김여정은 이틀 동안 연달아 담화문을 발표하면서 남북연락사무소 재설치, 남북 정상회담의 가능성까지 언급했다. 물론 '적대시 정책과 이중 기준을 철회해야 한다'라는 조건도 빼놓지 않았다. 정부는 곧이어 종전선언의 당사자인 미국과 종전선언의 구체적인 문안을 협의하고 있다고 언급했다.

문 대통령은 2021년 12월까지만 해도 기회가 될 때마다 '종전선언'을 언급했다.

"종전선언은 70년 가까이 지속되고 있는 불안정한 정전체제를 종식시키고 전쟁을 종식시킨다는 중요한 의미가 있다… (중략) …한편으로는 남북 간에, 또 북미 간에 대화를 재개할 수 있는 중요한 대화 모멘텀이 되고, 앞으로 비핵화 협상과 평화 체제에 관한 협상을 본격적으로 시작할 수 있는 출발점이 된다는 중요한 과정으로서 의미가 있는 것"

—2021년 12월 13일, 호주 캔버라에서 스콧 모리슨 호주 총리와 정상회담 후 기자회견

하지만 이런 기류는 2022년이 되면서 바뀌었다. 북한이 새해 벽두부터 하루가 멀다고 미사일을 쏘아댔기 때문이다. 종전선언 초안을 작성한 외교관들도 사실상 포기 상태였다. 미국도 우리 정부의 노력은 높이 샀지만 크게 관심을 보이지 않았다.

사실 2021년 가을부터 기자들은 이런 결과를 어느 정도 예감했다. 취재를 할수록, 자신만만한 우리 정부의 입장과 달리 미국의 반응은 흔쾌하지 않다는 것이 조금씩 드러났기 때문이다. 2021년 9월, 한미가 종전선언 문안을 협의 중이라는 소식이 나온 뒤 얼마 지나지 않아 나는 복수의 취재원에게 흥미로운 이야기를 전해 들었다. 취재원들은 미국의 핵심 관계자들을 만나고 온 이들이다. 통일부가 종전선언의 초안을 만들어 미국에 제안했으며, 미국도 협력하고는 있지만 어디까지나 검토 수준이라는 것이었다. 동맹 차원에서 상대국의 제안

을 단칼에 거절할 수 없으니 들여다보고는 있지만, 전체적인 분위기는 회의적이라는 얘기였다.

미국은 줄곧 '조건 없는 대화'를 요구해왔다. 북한에 허심탄회한 대화를 제안한 측면도 있지만 북한도 여타 조건을 걸어서는 안 된다는 뜻이기도 했다. 하지만 북한은 적대시 정책과 이중 기준 철폐를 요구하고 있으니, 수용할 수 없다는 것이 미국 입장이라는 것이다. 그뿐 아니라 워싱턴에서는 아무도 종전선언이 가능할 것으로 생각하지 않는다는 얘기도 심심찮게 들렸다. 하지만 우리 정부는 부정적인 기류의 보도가 나올 때마다 자청해 기자들에게 설명하는 자리를 가졌고, 미국과의 협력이 매끄럽게 진행되고 있다고 해명했다.

종전선언은 사실 과거 북한이 더 목을 매던 이슈다. 2018년 4.27 남북 정상회담의 결과로 나온 판문점 선언에는 그해 종전선언이 명시돼 있다. 6.12 북미 정상회담 공동성명에는 담기지 않았지만 트럼프 대통령이 구두로 종전선언을 약속했다고 한다. 당시에는 오히려 북한이 종전선언을 기필코 성사시켜야 하는 상황이었다고 전해진다. 김정은 위원장은 종전선언을 인민들에 대한 선전 도구로 사용하려 했다. 핵·경제 병진노선을 포기하고 경제에 집중하는 정책을 펴겠다는 정책 기조의 근거로 삼으려 했던 것이다.

하지만 그해 7월, 폼페이오 미국 국무장관의 방북 시기를 기점으로 북미 입장은 엇갈리기 시작한다. 당시 폼페이오 장관은 종전선언의 대가로 '핵리스트 신고'를 요구했고 김정은 위원장이 거절한 것으로 알려진다. 그때 중국에서 열린 학술 포럼에 다녀온 취재원에게 들은 내용인데, 포럼에 참석한 북한 관계자가 "우리는 이미 호랑이 등에 올라탔다. 미국도 마찬가지다"라고 말했단다. 북미 양쪽 모두 비핵화-종전선언 협상에서 발을 뺄 수 없을 정도로 깊이 들어가버렸다는 얘기였다. 북측 관계자는 "올해 종전선언이 이뤄져야 한다. 그 얘기를 하러 중국에 왔다"고 강조했다고 한다. 체제 유지를 위해서든, 어떤 이유에서든 북한이 진지하게 접근했던 건 사실인 것 같다.

북미 양측은 종전선언에 대한 정의부터 달랐고, 서로 양보할 수 없는 조건을 걸었다. 이렇게 갖가지 장애물 때문에 답보 상태에 있던 이슈를 우리 정부가 임기 말 꺼내 든 것은 어떤 이유에서였을까. 일각에선 종전선언이 허울뿐인 선언이라고 주장한다. 오히려 북한의 유엔사 해체 주장 등 부작용을 불러일으킬 소지가 크다고 비판한다. 우리 정부는 법적 구속력이 없는 정치적 선언이라 일축한다. 또한 평화협정으로 가는 관문 역할을 할 것이라고 반박한다. 어떤 말이 맞는 것일까.

외교가에서 흘러나오는 얘기를 종합하면 단순한 선거를 위한 쇼잉은 아니었던 것 같다. 한때 남북관계가 상당히 진전됐고 여러 가지 유의미한 협약이 나온 만큼, 다음 정권까지 얼마간 기류가 이어지기를 바란 부분도 있어 보인다. 정부 당국자들은 사석에서 이런 얘기를 종종 했다.

"적어도 북미 정상회담 자체를 언급할 수 있게 된 것 자체가 진전입니다. 과거엔 상상이나 했습니까."

김정은 위원장과 트럼프 대통령이라는 괴짜들의 조합이었기에 가능했던 회담이라는 비판이 있긴 하지만, 그런 이벤트 자체 또한 없는 것보다는 나아간 부분이라는 것이다.

북한은 2022년 1월 20일 폭탄선언을 했다. "신뢰 구축 조치들을 전면 재고하고, 잠정 중지했던 모든 활동을 재가동하는 문제를 검토할 것"이라고 밝혔다. 2018년 4월 약속했던 핵·미사일 시험 중단, 이른바 모라토리엄 선언을 파기하겠다 시사한 것이다. "싱가포르 북미 정상회담 이후 정세 완화를 위해 노력했지만, 미국의 적대시 정책과 군사적 위험이 위험 수위에 이르렀다"라는 이유를 들면서. 그러더니 하루가 멀다 하고 미사일을 쏘아대기 시작했다.

이제 남·북·미 시계는 2017년으로 돌아간 것일까.

한반도는 지리적으로 참 쉽지 않은 조건을 갖고 있다.
세계 강대국들 간 힘이 맞서는 곳이기 때문이다. 미국의 동맹이지만
중국과는 지리적으로 맞붙어 있다. 그런 와중에 미국과 중국의 갈등은
날로 고조되는데 우린 누구 편을 들기도 애매하다. 일본과는 안보 때문에라도
친하게 지내야 하지만 과거사 문제로 절대 친해질 수 없다.
이런 상황에서 외교는 당연히 어려울 수밖에 없다.
특히 문재인 정부에서의 대미 외교는 역대 대미 외교와 좀 달랐다.
바로 도널드 트럼프라는, 지금까지 겪어보지 못한 스타일의 '직설적'이고 '즉흥적'인
미국 대통령이 있었기 때문이다. 특히 북한과 많은 일이 있던 시기였으므로
미국과 얽힌 뒷이야기도 많았다. 일본과는 표면적으로도 갈등이 드러났는데
커튼 뒤에서 있었던 일들을 들어보니 더 화가 났다. 그래도 일본에게는
"미워!"라는 말이라도 할 수 있다면, 중국과의 외교에선 그조차 쉽지 않다.

2장에서는 지리적, 정치적 악조건 속에서 고군분투한 한국의
'커튼 뒤' 외교전을 전한다.

2장

외교전
대미, 대일, 대중 외교 분투기

트럼프의
미국을
상대한다는 겻

'독도 새우'로
시작된 불만

2017년 11월, 도널드 트럼프가 미국 대통령이 되고 나서 처음으로 한국을 찾았다. 청와대도 정권 교체 이후 미국 대통령을 처음 맞다 보니 정말 신경을 많이 쓰는 게 옆에서 느껴졌다.

문재인 대통령과 트럼프 대통령 간의 회담 자체는 3번째였다. 사실 국빈방한이라는 게 '의제'보다는 '의전'이었기에 미국 정상이 와서 뭘 하고, 어디를 가고, 뭘 먹는지가 더 큰 관심사다. 청와대는 국빈만찬 메뉴를 사진 찍어서 기자들에게 제공했다. 정갈하게 세팅된 한식 한상차림에는 송이 돌솥밥, 갈비구이, 조갯국, 잡채 등이 놓여 있었다. 특히 잡채에 올라간 새우는 '독도 새우'라며 사진엔 새우 한 마리도 그릇에 담겨 가지런히 놓여 있었다. 한우 갈비구이도 '360년 씨간장으로 만든 소스'로 요리한 거라고 홍보했다. 가자미구이도 포함돼 있었는데 트럼프 대통령이 가장 좋아하는 생선요리라는 게 청와대 측 설명이었다. 소고기는 전북 고창에서, 가자미는 문 대통령의 고향 거제

도에서 공수해 왔다. 청와대는 '음식 하나하나에 의미를 담아 우리의 문화를 전하면서도 첫 국빈을 위한 정성을 표현했다'라고 설명했다. 실제 눈에 띄지 않는 부분까지 세심하게 준비한 것이 느껴졌다.

이 만찬 메뉴에서 가장 화제가 된 식재료는 바로 '독도 새우'였다. 사실 평소 쉽게 접하는 식재료는 아니다. 독도새우는 독도 주변에서만 볼 수 있다는데 살이 난난하고 단맛도 나서 미식가들 사이에서 평이 좋다고 한다. 물론 가격도 꽤 비싸다고 알려져 있다. 크기에 따라 다르겠지만 평균 원가가 한 마리에 1만 5천 원 정도란다. 나도 아직 직접 먹어보진 못해서 그 맛이 궁금할 따름이다.

어쨌든 이 새우 한 마리가 외교적으로 큰 얘깃거리가 됐다. 왜냐하면 이날 만찬에는 독도 새우뿐 아니라 초청 손님 중 일본군 위안부 피해자인 이용수 할머니도 포함돼 '일본'을 강조하고 싶었던 청와대의 노력이 뚜렷하게 드러났기 때문이다. 이용수 할머니는 실제 2007년 미국 하원의 위안부 결의안 채택을 앞두고 하원 공청회에 참석해 고 김금자 할머니와 피해 사례를 증언하기도 했다. 위안부 피해자들의 삶을 그린 영화 〈아이 캔 스피크〉의 실제 주인공이도 하다. 이날 만찬장에서 트럼프 대통령은 할머니에게 다가가 포옹도 했다.

문제는 그 다음부터다. 우리의 의도를 확실히 전달하고자 했던 이 만찬에 대해 일본이 발끈했고 그 때문에 미국의 '심기'가 불편했다는 전언이다. 일본 방문을 마치고 바로 한국을 찾은 트럼프 대통령 앞에

'위안부 할머니'와 '독도 새우'가 있으니 과거사를 고칠 생각이 없는 일본 입장에서는 눈엣가시였을 거다. 스가 요시히데 일본 관방장관은 공개적으로 청와대 만찬에 문제를 제기했다. 스가 장관은 독도 새우가 포함된 것에 대해 "외국이 다른 나라 요인을 접대하는 것을 비평하지는 않겠지만 왜 그랬는지 의문이 든다"라며 불쾌감을 나타냈고, 위안부 합의 관련해서는 "2015년 12월 한·일 협정에 따라 위안부 문제 해결이 양국 간에 확인됐으며 착실한 실시가 중요하다"면서 "외교 루트를 통해 일본의 입장을 제시할 것"이라고 말했다.

사실 일본이 발끈하는 건 우리 정부에게는 크게 문제가 될 것이 없다. 오히려 역사왜곡을 일본이 직시하도록 만찬에서 충격요법을 보여준 것과 다름없기 때문에 국내 여론도 '아주 스마트한 만찬 외교'라는 식의 긍정적 평가가 많았다. 하지만 문제는 다른 곳에서 터진 셈인데, 일본의 이러한 불만 제기 때문에 미국이 난처한 입장에 놓였다는 것이다.

한 외교소식통은 이렇게 전했다.

"한미 간에 불편한 기류가 생긴 게 독도 새우가 시발점이었대."

만찬에서야 분위기도 괜찮았고 트럼프 대통령의 방한이 성공리에 끝난 건 같았지만, 독도 새우가 상에 올라올 배경을 한국 측이 사전에 제대로 설명하지 않았다는 거다. 정상 방문이 있기까지는 수백 개 넘는 부분을 조율해야 하고 앞서 언급했듯 '의제'보다 '의전'이 중요한 법인데, 바로 이게 제대로 안 됐던 것으로 전해졌다.

미국 측에서는 일본이 발끈하니까 그제야 '독도 새우가 뭔데?' 이런 식의 반응을 보인 것 같다. 소식통에 따르면 '왜 사전에 독도 새우에 대한 충분한 설명이 없었느냐'라는 미국 측의 불만 제기가 있었던 것으로 전해졌다. 100가지를 잘해도 실수 하나가 공들인 탑을 한순간에 무너뜨리기도 하는데, '새우 한 마리'가 미국의 심기를 건드릴 줄은 몰랐던 거다.

평창동계올림픽과
펜스 부통령 '자리'

평창동계올림픽 개막식을 하루 앞두고 각국 정상들이 한자리에 모였다. 문재인 대통령 주재 환영만찬에는 북한 김영남 최고인민회의 상임위원장도 헤드테이블에 자리했다.

그런데 만찬이 시작되었는데도 미국의 펜스 부통령은 보이지 않았다. 카메라 기자들이 열심히 찍었지만 미국을 대표해 방문한 펜스 부통령의 모습은 문 대통령의 환영사 연설이 끝날 때까지도 보이지 않았다. 문 대통령의 연설이 끝나고 토마스 바흐 IOC(국제올림픽위원회) 위원장의 건배사가 있었다. 그 즈음하여 행사장에 나란히 입장한 인물은 바로 펜스 부통령과 일본의 아베 총리였다.

추후 언론에 사진이 공개됐는데, 문 대통령이 환영사를 하고 있을 시간에 펜스 부통령과 아베 총리는 행사장 바깥에서 함께 사진 촬영을 하고 있었다. '외교 결례'로밖에 비춰질 수 없는 사진이었다. 두 사람은 늦게라도 행사장에 들어오긴 했으나 아베 총리만 헤드테이블에 앉고, 펜스 부통령은 다른 정상들과 악수만 나누고 5분 정도 있다가 퇴장했다. 특히 다른 정상들과는 인사를 하면서 북한 김영남 위원장과는 악수를 하지 않고 나가버렸다.

잔칫집에 와서 재 뿌린 걸로밖에 해석이 안 되는 상황. 꽤나 당황스러웠을 청와대 측은 당시 태연하게 이런 설명을 내놓았다.

"펜스 부통령은 미국 선수단과 오후 6시 30분에 저녁 약속이 돼 있었는데 우리 측엔 사전에 고지된 상태여서 테이블 좌석 배치도 준비되지 않았다."

사전에 고지됐다고 하더라도, 올림픽 개막식에 참석하러 온 미국 대표가 한국 대통령이 주재하는 환영행사에 불참한다는 것은 그 자체만으로도 넘어가기 힘든 일이다.

개막식 당일에도 펜스 부통령은 무언가가 불만인 것처럼 보였다. 북한 김여정 부부장과 김영남 위원장이 바로 뒷자리에 앉아 있었는데 펜스 부통령은 이들을 계속 외면했다. 남북 단일팀이 입장할 때도 모두 일어나 박수를 치는데 펜스 부통령은 자리에 앉은 채 시큰둥한 표정으로 일관했다.

펜스 부통령이 사실상의 '외교 결례'를, 그것도 한국에게는 더없이 중요한 의미인 평창동계올림픽에서 이런 행동을 보인 이유는 따로 있었던 것으로 알려졌다. 외교소식통에 따르면 펜스 부통령 측은 방한

전에 우리 정부에게 북한 측 인사들과의 자리 배치에 신경을 써달라 주문했다고 한다. 즉 북한 측 인사들과 가깝게 앉기 싫다는 의사 표시를 했다는 거다. 그럼에도 불구하고, 환영만찬 때 헤드테이블이나 개막식의 자리 배치 등에서 북한 인사들과 가까웠던 것이다.

특히 펜스 부통령의 경우, 대북 강경노선을 강조하는 인물인 만큼 더 예민했던 것으로 보인다. 미국은 이런 불만을 우회적으로 드러냈던 것인데, 우리 정부로서는 북한과 미국의 만남이 쉽게 있는 기회도 아닌 만큼 계기를 만들어주고 싶었을 것이다. 또 자리를 배치하는 입장에서 보면 북한과 미국이 초청국가 중 핵심국인데 그 둘을 멀리 떨어뜨려놓는 모양새도 이상했을 것 같긴 하다.

평창동계올림픽 기간 동안 펜스 부통령과 김여정 부부장 간의 면담이 비밀리에 추진되다 성사 직전에 북한이 회담을 취소한 사실도 뒤늦게 드러났다. 회담을 거우 2시간 남겨놓고 북한이 일방적으로 취소를 했다는 것이다. 그 이유는 펜스 부통령이 천안함 기념관을 방문했고, 북한에 대한 새로운 제재 등을 언급하며 압박 메시지를 냈기 때문이다.

이제 와서 드는 생각이지만, 만약 그때 펜스 부통령과 김여정 부부장 간에 만남이 이뤄졌다면 오히려 싱가포르 북미 정상회담은 성사되기 어려웠을지도 모르겠다. 두 인사가 만나서 서로 날을 세우다 양국

간 분위기만 더 험악해졌을 수도 있다. 당시 북한의 일방적 취소로 미국은 상당히 불쾌했을 것이고, 중간에서 장소를 제공하며 '중재자'를 자처한 한국도 난감해졌지만, 결과적으로는 당시 만남이 성사되지 않았기에 오히려 싱가포르 북미 정상회담이 이루어진 것일 수도 있다.

"주한미군을 빼면
왜 안 되는지 설명하라"

한국에는 2만 8500명의 주한미군이 주둔하고 있다. 한국을 든든하게 지켜주기 때문에 우리 정부 입장에서는 '주한미군 철수'라는 카드가 부담스럽다. 물론 우리 군사력으로도 한반도 위협을 막을 수 있다는 주장도 있지만 미군의 존재만으로도 상당 부분 위협이 상쇄되는 것은 사실이다.

문제는 트럼프 전 대통령이다. 트럼프를 직·간접적으로 상대해본 우리 외교관들이 공통적으로 하는 말이 있다. "트럼프잖아……."

즉, '트럼프이기 때문에 어디로 튈지 모른다'라는 의미, 기존의 틀에 맞는 외교를 하지 않는다는 말이기도 하다.

트럼프는 참모들에게 본인이 듣고 싶은 말을 하게끔 강요하는 스타일로 알려졌다. 한 정부 소식통으로부터 전해들은 사례는 트럼프 대통령의 스타일을 적나라하게 보여준다. 트럼프 대통령은 취임한 뒤로 '주한미군'에 대해 지속적으로 관심을 가졌다고 한다. 그런데 관심을 갖는 방식이 좀 독특했다.

"주한미군을 빼면 왜 안 되는지 설명하라."

한두 번은 물어볼 수 있겠다 싶지만, 그 후로도 여러 번 같은 질문을 한 것으로 전해졌다. 그 의도는 분명하다. 자기가 듣고 싶은 답이 안 나왔기 때문이다. 트럼프 대통령은 왜 '철수해도 괜찮다'라는 답을 듣고 싶었던 것일까? 단순히 '비용 문제' 때문으로 해석된다. 눈에 보이는 비용을 우선 절감하고, 그렇게 절감한 비용으로 국민들에게 '생색내기'를 하고 싶은 것이다.

'주한미군 철수' 카드가 자꾸 언급되는 건 한미 방위비분담금 협상 SMA 때문이다. 트럼프 대통령 뒤엔 '장사꾼'이라는 수식어가 따라다닌다. 대통령이 되기 오래전부터 '비즈니스맨'으로 부를 축적한 사람이라서다. 때문에 방위비 협상도 트럼프 대통령에게는 하나의 '장사'인 것이다. '우리가 지켜주는 만큼 그 대가를 최대한 많이 받아야 한다'라는 게 바로 미국, 정확히 말하면 트럼프 대통령의 논리다.

하지만 사실 객관적으로 놓고 보면 주한미군 주둔이 딱히 한국에만 이득이 되는 것도 아니다. 한국은 지리적으로 미국이 중국을 견제하기에 딱 좋은 위치에 있다. 미국이 인도·태평양 전략상 군사적으로 중국을 견제하는 데는 한국에 주둔하는 것만으로도 그 효과를 누릴 수 있다. 하지만 트럼프 대통령은 기회만 있으면 "부자나라 한국은 방위비를 더 내야 한다"라고 말한다. 선거 유세에 써먹는 멘트로 볼 수도 있지만 진심이 담겼다.

방위비 협상은 결국 트럼프 행정부에서 타결이 안 됐다. 심지어는 협상장에서 미국 측 대표단이 자리를 박차고 나간 적도 있다.

2019년 11월, 서울에서 열린 방위비 분담금 협상장. 11차 SMA 협상 제3차 회의는 90분 만에 파행으로 끝나버렸다. 여기서 파행이라는 건, 미국 대표단이 일방적으로 협상을 결렬시켜버렸기 때문이다. 지난 28년간 10차에 걸쳐 SMA 협상이 있었지만 이렇게 일방적으로 협상을 중단하고 사실상 결렬 선언을 한 건 처음이었다. 협상 결렬 후 미국 대표단과 한국 대표단 모두 입장을 발표했다.

> 드하트(미국 측 대표): 우리는 귀담아들을 준비를 하고 열린 마음으로 서울에 왔다······ 한국 측에 재고할 시간을 주기 위해 오늘 회담에 참여하는 시간을 단축했다.
> 정은보(한국 측 대표): 미국 측이 새로운 항목 신설을 통한 대폭 증액을 요구했다.

다만 협상 때 '주한미군 철수' 이야기는 나오지 않았다고 했다. 대놓고 협상장에서 '주한미군'을 갖고 협박하는 일은 없었다는 거다. 그

얘기는 트럼프 대통령이 공개적으로 여러 번 했으니 굳이 공식적인 협상 자리에서까지 꺼낼 필요는 없었던 것으로 보인다. 하지만 그동안 없던 여러 새로운 항목을 만들어서 돈을 더 내라고 했다는 건데, 아무리 동맹이지만 그대로 수락할 수 없는 요구였던 것이다.

"한미 동시 무력시위는 돈 낭비"
을지훈련엔 "그게 뭐지?"

트럼프 전 대통령의 사업가적 면모가 외교에서 묻어났던 사례는 또 있다. 2017년엔 7월에 북한의 무력도발이 연이어 계속되자 한국과 미국은 동시에 무력시위에 나서기도 했다. 한미가 함께 미사일 훈련을 하며 북한에 경고 메시지를 보내는 것이다.

문 대통령은 당시 "북한의 엄중한 도발에 성명으로만 대응할 상황이 아니며 우리의 확고한 미사일 연합 대응 태세를 북한에게 확실히 보여줄 필요가 있다"면서 한미가 동시에 무력시위를 하는 것을 승인했다. 트럼프도 당시 미사일 연합 시위에 대해 "북한의 도발에 대한 문 대통령님의 단호한 의지를 높이 평가하고 공감한다"라고 한 것으로 전해졌다.

다만 공개적으로 알려진 말이 다가 아니었다. 실제로는 한미 미사일 연합 시위의 필요성에 문제제기를 한 것으로 전해졌다. 트럼프 전 대통령은 해당 훈련이 있은 뒤 문 대통령과의 통화에서 이런 질문을 했다고 한다.

"나도 그거 영상 봤는데 어떤 게 한국 것인지, 어떤 게 미국 것인지도 모르겠던데. 아무튼 그건 돈 낭비예요."

문 대통령뿐 아니라 참모진도 이런 발언에 적잖게 당황했던 걸로 전해졌다. 한미 훈련에 문제를 제기한 것은 이뿐만이 아니었다. 2008년부터 2018년까지 '을지프리덤가디언UFG'이라고 불리던 한미연합훈련에 대해서도 지적했다고 한다. 문 대통령이 트럼프 전 대통령에게 '협조가 잘되고 있다'는 취지로 이야기했더니 그는 한참을 듣고 있다가 "그게 무슨 훈련이냐?"라고 되물었다는 것이다. 한미 동맹의 중요한 축인 한미연합훈련에 대해 크게 관심이 없었던 것이다. 문 대통령이 '한미가 함께하는 훈련'이라는 취지로 설명하자 트럼프 전 대통령은 '그거 매년 하는 거냐?'라고 되물었다.

이 이야기를 전해 듣고 문득 이런 생각이 들지도 모르겠다. '우리를 얼마나 무시했으면 그런 것도 몰라?'라고. 하지만 그보다는 트럼프 전 대통령의 개인적 스타일 때문으로 보는 게 더 맞을 듯하다.

이런 식의 트럼프 스타일은 좋게 말하면 '화끈하고' 나쁘게 말하자면 '노매너'이다. 본인이 궁금한 건 바로바로 물어본다. 체면치레보다는 궁금한 걸 바로 해결해야 직성이 풀린다. 그런 다음 뭐가 더 나 혹은 내 국가에 이득일까를 생각한다. 한 나라의 대통령이라면 당연히 보여줌 직한 태도이겠지만 그렇다고 '얼마큼의 이윤을 얻을 것인가'부터 생각하는 것은 분명 유별나다. 여하튼 '사업가' 트럼프 전 대통령은 기존 대통령들과는 확실히 달랐다.

포틴저가 내민
'50억 달러 파워포인트'

트럼프 행정부와의 방위비 협상은 쉽지 않았다. 협상을 18개월 동안
이나 질질 끌다가 바이든 행정부가 들어서자마자 46일 만에 속전속
결로 타결됐다. 바이든이 훌륭해서라기보다 트럼프 행정부의 요구가
너무 말도 안 되는 수준이었기 때문에 그동안 협상이 타결될 수 없었
던 것으로 보는 게 맞다. 실제로 이런 에피소드도 있다.

2019년 7월, 존 볼턴 전 백악관 국가안전보장회의NSC 보좌관 일행
이 청와대를 방문했다. 백악관 NSC 아시아담당 선임보좌관이던 매슈
포틴저 전 부보좌관은 우리 측 인사들과의 면담에서 파워포인트 자료
하나씩을 건넸다. 그렇게 '친절하게' 건넨 파워포인트 자료를 살펴보
고 우리는 한마디로 '뜨악' 할 수밖에 없었다고 한다. 자료에는 방위비
협상안을 총 50억 달러로 정해놓고, 새로운 항목을 여러 개 만들어서
50억 달러에 짜 맞춘 그래프도 있었다. 어떻게 해서라도 50억 달러를

받아내기 위해 온갖 항목을 만들어낸 것이다.

실제 트럼프 전 대통령은 임기 중 부자나라인 한국은 방위비를 더 내야 한다고 수없이 주장했다. 제임스 드하트 당시 미국 방위비협상 대표는 우리 관계자들을 만나 방위비 액수 등 이 문제가 트럼프 대통령의 생각임을 강조했다고 한다. 그러면서 드하트 또한 우리 외교부 관계자들에게 "미국 내에서도 한국에 요구하는 방위비 액수가 과하다고 생각한다"라는 취지로 말했다고 전해졌다. 다만 트럼프 대통령의 생각인 만큼 어쩔 수 없다는 식으로 설명했다는 것이다. 미국의 과도한 요구가 계속되자 결국 문재인 대통령이 직접 "협상을 중단하자"라고 한 것으로 전해졌다.

바이든 대통령 취임 직후 방위비 협상이 속전속결로 타결되긴 했지만 마냥 긍정적으로 평가할 순 없다. 트럼프 전 대통령이 고수했던 50억 달러는 막아냈지만 올해 이후 2025년까지 매년 '물가상승률'이 아닌 '국방비 증가율'만큼 더 올려줘야 하기 때문이다. 물가상승률은 매년 1~2퍼센트 정도지만 국방비 증가율은 평균 연간 6퍼센트가량이기 때문에 결과적으로 2025년에 우리가 내야 할 돈은 약 1조 5천억 원에 가까울 수 있다는 계산이다. 그러면 트럼프 전 대통령이 내라고 했던 금액이나 별반 차이가 없기 때문에 '퍼주기 협상'을 했다는 비판이 나오는 것이다.

물론 일각에선 앞으로 국방비 증가율이 평균 6퍼센트에 못 미칠 거란 분석도 있다. 실제 국방비 증가율은 전년 대비 2018년 7퍼센트에서 2019년 8.2퍼센트로 올랐다가, 2020년 7.4퍼센트, 2021년 5.5퍼센트로 떨어지는 추세이다. 2021년도 증가율은 현 정부 출범 이후 가장 낮은 수준이다. 박근혜 정부 때는 평균 5퍼센트 정도 늘었다. 또 저출산과 고령화로 국방비는 지속적으로 감소 추세를 보일 거란 분석도 나온다. 물론 과거에 적용했던 '물가상승률'보다는 높을 수밖에 없다는 점은 아쉬운 대목이다.

이번 협상 결과에는 트럼프 전 대통령의 '그림자'가 분명 남아 있다. 완전히 새로운 협상을 하기가 어려웠던 것이다. 13.6퍼센트라는 인상률은 트럼프 행정부 때 한미 대표단 간 협의했던 숫자다. 트럼프 전 대통령이 황당하게 '50억 달러' 주장을 펼치는 바람에 협상 자체가 중단됐긴 했지만 어쨌든 그전에 협의됐던 숫자를 갑자기 바꾸긴 어려웠을 것이다. 바이든 행정부 입장에서는 이미 가격을 많이 올려놓은 트럼프 행정부에 고마워해야 할지도 모르겠다.

비건의 닭 한 마리

스티브 비건 미 국무부 부장관이 '닭 한 마리'를 좋아한다는 것은 언론에도 여러 차례 보도돼 널리 알려져 있다. 특히 한국을 방문할 때마다 광화문에 위치한 특정 음식점만 방문하는 바람에 의도치 않게 해당 식당은 홍보 효과를 누렸다. 나도 그 식당에 팀원들과 함께 방문해 식사한 적이 있다. 마치 외교안보 기자라면 한 번쯤은 들러봐야 할 명소 같은 느낌이었다. 대표 음식인 '닭 한 마리'와 떡사리 등을 주문했다. 주문 받으러 온 종업원에게 (종업원인지 사장님인지 확실하지 않다) 넌지시 비건 부장관의 근황을 물어봤다.

기자: 이모님, 여기 비건이 자주 온다면서요?
종업원: 요새 한국 안 들어왔어. 안 온 지 좀 된 거 같은데……

실제로 당시는 비건 부장관이 한국을 방문한 지 여러 달이 지난 터

스티븐 비건 미 국무부 부장관

였다. 마치 비건 부장관의 스케줄을 꿰뚫고 있는 듯한 대답이 돌아와 좀 놀랐다. '제대로 된 단골집이구나'라는 생각이 들었다. 뭐가 그렇게 특별한가 싶어 보통 음식을 먹을 때와 달리 좀 음미하며 식사를 했다. 구수한 국물과 부드러운 닭의 조화가 잘 어우러졌다. 그런데 유독 이 음식이 미국인의 입맛을 사로잡은 이유는 잘 이해되지 않았다.

비건 부장관을 만나본 관료들에게 물어봤다. 대체 왜 '닭 한 마리'를 좋아하는 건지. 돌아온 대답은 '소울 푸드'였다. 폴란드계 출신의 비건 부장관은 '닭 한 마리'를 먹으면 어렸을 적 어머니가 직접 만들어주시던 '집밥' 느낌이 나서 매번 한국을 방문할 때마다 찾는 것이라는 얘기다. 이 식당을 처음에 소개해준 인물은 비건 팀에 소속된 앨리슨 후커 미국 백악관 국가안보회의 선임 보좌관으로 알려졌다. 후커 보좌관이 한국에 출장오곤 했을 때 소개받은 식당인데 후커 보좌관이 다시 비건 부장관에게 소개했다고 한다.

생각해보면 서양에도 '치킨누들수프'라는 음식이 있다. 보통 몸이 좀 아프거나 컨디션이 안 좋을 때 먹는 수프로 잘 알려져 있는데, 쉽게 말해 우리나라의 '죽'과 비슷한 역할을 한다고 보면 된다. '치킨누들수프'는 삼계탕과 비슷한 국물에 닭고기가 들어 있고, 파스타 비슷한 면과 함께 당근 같은 야채도 있다. 아플 때 삼계탕 먹으면 힘이 나듯이 서양에서도 '치킨누들수프'를 먹으면 보양식을 먹는 느낌인 거다. 비건 부장관도 아마 어렸을 적 어머니가 집에서 만들어주던 '닭고기 수프'가 잊히지 않았던 모양이다.

광화문의 '닭 한 마리' 음식점은 기자들에게는 이른바 '뻗치기' 장소로도 통했다. '뻗치기'란 기자들이 누군가를 취재해야 할 때 취재 대상의 사무실이나 집 앞에 가서 그 대상이 나올 때까지 마냥 기다리는 것을 말한다. 그래서 일부 언론사는 이 식당에서 계속 식사를 시켜먹으며 비건 일행이 오기를 기다리기도 했다.

지난 7월, 비건 부장관이 한국에 왔을 때는 코로나19로 인해 식당에 직접 가진 못하고, 대신 해당 식당의 주방장을 대사관저로 초청해 만찬을 해서 또 한 번 '비건의 닭 한 마리 사랑'이 확인됐다. 우리 취재진도 해당 식당에 전화를 했더니 전화를 받은 종업원이 "확인해줄 수 없다"라는 식으로 말했다고 한다. 정말 외교적인 답변이랄까. 기자들이 취재원에게 무언가를 문의하면서 확인받으려 할 때 취재원이 "확인해줄 수 없다"라고 대답한다면 부정보다는 긍정에 가까운 취지로 보통 받아들인다. 하지만 딱히 긍정한 것도 아니기 때문에 애매모호하게 넘어갈 수 있는 '최적의 답변'인 것이다. 이런 외교적 답변을 식당 종업원들도 이미 알고서 그렇게 말한 것인지는 잘 모르겠다.

"기름도 가져가지 마라"
북한보다 넘기 어려운 유엔사의 관문

남북 간 교류가 이뤄질 시 반드시 거쳐야 하는 관문이 '유엔사의 허가'
이다.

남북 간 대화가 한창 오가던 시기, 정부 특히 통일부에서 불만을
가졌던 부분이 바로 이것이다. 한 통일부 관계자는 "유엔사 때문에 될
일도 안 된다"라며 불만을 토로했다.

한 번은 이런 일도 있다. 2018년 판문점 선언을 계기로 남북이 철
도공동조사를 하기로 했다. 서울역을 출발해 신의주를 거쳐 두만강,
원산을 지나 서울로 돌아오는 18일 간의 공동조사였다. 총 2600킬로
미터를 이동하면서 남과 북의 전문가들이 남북 철도 북측 구간을 공
동으로 조사하는 일정이다. 중간 중간엔 버스를 이용해 조사가 진행
되는 구간도 있었다.

남북 간 철도 연결을 위한 공동조사를 앞두고 미국과 협의는 순탄
치 않았다. 북한으로 넘어갈 때 가져가는 물자는 미국 측의 제재 예외

승인을 받아야 했기 때문이다. 그런데 유엔사가 우리 정부에게 철도 공동조사 때 차에 넣을 기름도 갖고 가지 말라고 한 것으로 전해졌다. 조사 중간 구간에서는 버스를 사용해야 하고 또 돌아올 때도 버스가 필요하니 기름은 반드시 가져가야 했다. 그런데 기름도 갖고 가지 말라는 말은 조사하지 말라는 얘기나 다름없다. 이때 유엔사의 논리는 "한국 측에서 기름을 가지고 갔다가 북측에 주고 올 수도 있지 않은가" 라는 것이었다.

공동조사 하러 가서 써야 할 기름의 양이 정확히 몇 리터인지는 이동거리를 계산해보면 쉽게 알 수 있는 문제인데, 유엔사가 너무 보수적으로 무조건 '안 된다'만 외친다는 게 외교소식통의 이야기였다.

유엔사와의 마찰은 이뿐만이 아니었다. 2018년 개성연락사무소 개소를 위해 개성의 상수원인 월보 저수지 개보수를 하러 철근과 시멘트 등을 갖고 올라가려던 때도 유엔사와 갈등을 빚어야 했다. 출발 당일까지도 승인이 안 떨어진 것이다. 당시 승인이 지체되자 통일부는 물자를 실은 트럭에서 기자회견을 할 계획까지 세웠던 것으로 전해졌다. 이런 계획이 청와대 안보실에도 전해졌고, 한동안 비상이 걸렸던 걸로 알려졌다. 결국 승인이 떨어지긴 했는데 약속한 시각을 훌쩍 넘겨서였다고 한다.

유엔사

유엔사령부UNC(United Nations Command) 혹은 국제연합군사령부. 1950년 한국전쟁 참전 16개국 등의 군대를 통솔하기 위해 유엔안전보장이사회 결의에 따라 설립됐다. 유엔을 대신해 미국이 실질적인 대리인 노릇을 하고 있으며, 주한미군사령관은 한미연합사령관, 유엔군사령관을 겸직한다.

1978년에 창설된 한미연합사령부에 한국군과 주한미군에 대한 작전통제권을 넘긴 이후부터는 정전협정 관련 임무만 수행하고 있다. 즉, 정전협정에 따른 군사정전위원회의 가동, 중립국 감독위원회 운영, 판문점 공동경비구역JSA 관할 경비부대 파견 및 운영, 비무장지대DMZ 내 경계초소 운영, 북한과의 장성급 회담 등을 맡고 있다.

동맹의 균형추, 지소미아

미국과 한국은 오랜 동맹관계이고 한국이 타국으로부터 핵공격을 받을 경우 미국의 핵우산 보호를 받게 돼 있다. 쉽게 말해 북한이 쳐들어오면 한국에 주둔하고 있는 미군이 우리 국민을 보호해주는 것이다. 한국과 미국은 떼려야 뗄 수 없는 관계지만 여러 측면에서 우리가 '을'인 경우가 많다. 강대국인 미국과의 관계이다 보니 어찌 보면 당연한 것일지도 모른다.

하지만 미국의 또 다른 동맹인 일본과의 관계는 좀 다르다. 한국을 대하는 것보다는 좀 더 '무게'가 있다고 표현할 수 있을까. 한국이 미국과의 대화에서 가장 중요시 여기는 주제는 '북한'인 반면, 미국은 북한 문제보다는 중국을 견제하기 위해 동맹국들과 똘똘 뭉치는 방법을 고민하는 것이 훨씬 더 중요한 문제다. 이런 측면에서 본다면 일본은 미국이 가려운 데를 잘 긁어주는 나라다.

미국은 동맹국인 한국과 일본이 싸우는 걸 원치 않는다. 미국 입장에서는 한·미·일이 협력해야만 중국을 잘 견제할 수 있기 때문이다. 때문에 미국은 한일 간 과거사 문제로 갈등이 고조될 때 불편한 기색을 비쳤고, 동맹국 간의 갈등인 만큼 겉으로는 한쪽 편을 들지 않으려고 했다. 한국은 내심 미국이 우리 편을 들어주길 바라며 미국이 '중재' 역할을 해야 한다고 강조했지만 미국은 우리가 원하는 대로 움직여주지 않았다.

문재인 정부 들어 한국과 일본 간 갈등이 심화된 것은 2019년 7월, 일본이 우리 대법원의 강제징용, 위안부 배상 판결을 문제 삼으면서 수출 규제 조치를 취하면서부터다. 이에 우리 정부는 그해 8월, 한일 간 군사정보보호협정(지소미아)을 종료하겠다고 발표했다.

이 같은 발표에 화가 난 건 미국이다. 당시 지소미아 관련 협의에 깊이 관여했던 관계자는 "지소미아 때문에 미국이 한국에 굉장히 불쾌해했다"라며 "한국이 지소미아를 건든 건 잘못"이라고 말했다.

한국 정부의 지소미아 중단 발언 이후 나는 에반스 리비어 전 국무부 동아시아태평양 담당 수석부차관보와 이메일을 주고받았다. 리비어는 '워싱턴의 많은 사람들이 한국의 지소미아 발언 때문에 화가 나 있다(deeply frustrated)'라고 답했다. 그가 말한 '워싱턴의 많은 사람들'은 워싱턴 내 전문가 집단과 행정 관료들을 뜻한다.

워싱턴의 싱크탱크 그룹에 속한 몇몇 교수들과 직접 이야기하면서 느꼈던 점은 미국 정부는 한일관계에 별로 관심이 없다는 것이었다. 이 사안에 관심이 있는 일부 전문가 집단이나 관료들도 사안을 제대로 파악하지 못한 경우가 많았다. 워싱턴의 한 학자는 통화에서 "한국이 위안부 합의를 먼저 깬 것 때문에 (한일관계 악화) 문제를 촉발시켰다고 보는 사람이 워싱턴에 많다"고 말했다. 워싱턴의 일부 전문가들조차 이런 관점을 갖고 있다는 것은 꽤나 충격적이었다.

지소미아가 제대로 작동되지 않을 때 가장 큰 피해를 보는 국가는 어디일까. 지소미아는 북한 등 타국의 위협에 한국과 미국, 일본이 각자 파악한 군사정보를 공유해 맞대응하기로 한 약속이다. 북한이 도발했을 경우, 군사정보 파악이 가장 부족한 국가는 일본이다. 이지스함 등 정찰자산이 한국보다 많기 때문에 미사일이 발사되면 탄착 지점, 궤적 등을 파악하는 데 강점이 있다곤 하지만, 발사 지점, 각도 등의 파악은 우리가 훨씬 우위에 있는 것으로 전해졌다. 물론 맞대응에는 세 나라의 정보가 다 합쳐졌을 때 가장 용의하지만 한국과 미국의 정보만으로도 충분히 대응은 가능하다.

그럼에도 불구하고 미국이 지소미아 종료를 불쾌해하는 이유는 지소미아가 제대로 작동해야 중국을 압박할 수 있기 때문이다. 이런 큰 그림이 있는데 한국이 '지소미아 종료'를 언급하자 불쾌해했다는 거다.

반면 우리 정부는 지소미아를 일본을 움직일 수 있는 하나의 '카드'로 보았다. 지소미아를 거론할 때는 우리 정부 내에서도 이견이 많았다. 외교부와 국방부는 지소미아 유지를 원했지만, 김현종 당시 청와대 안보실 2차장이나 노영민 비서실장 등은 일본을 움직이는 '레버리지'로 써보자고 했던 것으로 전해졌다.

하지만 일본은 좀처럼 쉽게 움직이지 않았다. 지금은 '지소미아 종료 조건부 유예' 상태로 유사시 그나마 효력은 이어지고 있지만 우리 정부는 여전히 지소미아를 하나의 '카드'로 여기고 있다. 그리고 그런 우리 정부를 바라보는 미국의 시선 역시 곱지 않다.

야구장부터 온천까지,
일본의 대미 로비

한국과 일본 둘 다 동맹이지만 미국은 어쩐지 사안에 따라 일본편을 더 드는 것 같은 때가 많다. 단순한 느낌일 뿐일까. 미국 싱크탱크인 국제전략문제연구소CSIS 일본통인 마이클 그린 선임부소장은 2019년 한일갈등이 최고조에 다다랐을 때 《조선일보》와의 인터뷰에서 '최근 한일갈등은 한국이 시작했다'며 '원죄는 일본에 있지만 갈등 상황은 한국이 시작했다고 보는 쪽이 많다'고 했다. 위안부 문제와 관련해서도 '일본은 여러 차례 사과했다'고도 말했다.

미국의 전문가 집단이나 관료들이 일본에 더 우호적인 이유가 있다. 일본이 수십 년에 걸쳐 미국에 로비활동을 했기 때문이다. 일본은 이미 오랫동안 미국의 주요 싱크탱크와 대학에 막대한 자금을 지원해왔다. 일찍이 2차 세계대전 이후부터 해외에도 로비활동을 계속해오고 있다.

일본이 공공외교를 위해 만든 민간재단인 사사카와 재단의 미국

지부 대표는 미국 16개 정보기관을 총괄하는 국가정보국[DNI] 국장 출신의 데니스 블레어다. 또 사사카와 재단 유력인사 중엔 지미 카터 전 대통령도 있다. 재단을 통해 미국의 외교, 안보, 국방 분야 전문가들에게 막대한 자금을 지원한다. 재단은 미국인을 '지일파'로 만드는 창구인 셈이다. 하버드 대학에도 일본학 기관인 라이샤워 센터가 있고, 미일관계 프로그램도 활발히 돌아가고 있다. 아베 신타로 전 외상의 이름을 딴 '아베 펠로십'이나 브루킹스 연구소, 카네기 재단에도 일본 석좌가 있다.

실제 JTBC 외교안보팀은 한국과 일본의 로비력이 얼마나 차이가 나는지를 비교하는 기획 기사를 준비한 적이 있다. 아쉽게도 방송 러닝타임이나 예정일의 다른 이벤트 등 여러 이유로 기사는 준비한 만큼 나가진 못했다. 당시 후배기자가 취재한 바로는 우리 정부가 일본군 위안부 피해자 기록물을 유네스코 세계기록유산으로 등재하려는 과정에서 일본이 전방위 로비를 통해 훼방을 놨다고 한다.

결국 2017년 한국은 일본군 위안부 피해자 기록물을 유네스코에 등재하는 데 실패했다. 190개 회원국으로 이뤄진 조직인 유네스코에서 일본은 중국에 이어 두 번째로 돈을 많이 내는 나라다. 실제 일본은 유네스코 측 관계자들에게 '온천 로비'도 한 것으로 알려졌다. 일본인이기에 할 수 있는 로비 스타일이다. 일본 관료에게 로비는 필수로, 외교력을 좌우하는 무기인 셈이다. 한 외교소식통도 "일본이 제일 힘 쏟는 것이 대미 로비인데 실제 미국에선 미국 정부 사람들과 야구장도 자주 간다. 야구가 꽤 긴 시간 동안 진행되는 스포츠이다 보니 야구장에서 맥주를 마시며 캐주얼한 분위기에서 외교가 이뤄진다"라고 말했다.

일본의 대미, 대유럽 로비 등은 외무성이 주도적으로 자금을 댄다. 특히 미국의 경우에는 로비가 불법이 아니다. 미국은 모든 로비 활동에 대한 내역을 정리해서 웹사이트(www.fara.gov)에 공개하고 있다. 여기엔 다른 나라들의 대미 로비 기록도 다 포함돼 있다. 이처럼 모든 내역이 공개되므로 우리나라처럼 로비라는 개념이 불법적으로 은밀하게 이뤄지는 것이 아닌 거다. 한국도 로비를 위한 공공외교 자금을 점차 늘려가는 추세지만 우리보다 수십 년 전에 시작한 일본을 따라잡기엔 아직 역부족이다.

대놓고 싫어할 수 있는 나라, 일본

한일 관료들이
사석에서 만나면……

어느 정부나 공통으로 어려움을 겪는 현안이 바로 한일 문제다. 문재인 정부 또한 이런 어려움을 피해갈 순 없었다. 과거사에 대한 반성이 1도 없는 일본과 상대하기란 쉬운 일이 아니다. 우리 정부는 일본 정부에 대해서만은 공개적으로 '강한 톤'을 유지하곤 했다. 외교도 중요하지만 일본이라는 나라에 대한 우리 국민의 여론, 과거사 관련 피해자들의 아픔 등을 고려한 '전략적 제스처'인 셈이다.

한국과 일본은 마주 앉기만 하면 서로 얼굴을 붉히기 마련인데, 과연 사석에서는 어떨까. 기자이기 전에 국민의 한 사람으로서 궁금했다. 한 정부 관료에 따르면 사석에서의 분위기는 그렇게 나쁘지 않고 한다. 일본 관료도 카메라 앞에서는 화가 난 듯한, 혹은 불쾌한 표정을 하고 있지만 실제 카메라가 없을 때는 표정이 바뀐다. 그동안 잘 지냈는지, 힘든 건 없는지, 화기애애한 분위기에서 일상적인 대화도 나눈다고. 즉 공개석상에서는 한국과 일본 관료 모두, 자국민에게 비춰질 자신의 모습을 계산하고 행동하는 것이다.

사석에서 분위기가 괜찮다고 해서 한일 간 물밑대화가 잘되는 건 또 아니다. 각자의 카운터파트(대화 상대)와의 친분과는 별개로 정부의 공식 입장은 흔들 수 없는 것이기 때문이다.

한일 문제에 있어서도 정부의 큰 원칙은 청와대에서 정한다. 일본도 당연히 총리 관저에서 정한다. 그 밑에 실무적인 일은 우리 측에선 외교부, 일본에선 외무성이 도맡아 하며 그 외 다른 부처들도 사안에 따라 같이 협업한다. 때문에 외교부와 외무성의 관계가 아무리 괜찮다 해도 청와대와 일본 총리 관저의 분위기가 냉랭하면 아무 소용이 없다.

비공개회의에서도
'동해 아닌 일본해' 외친 일본

사석에서 만나면 비교적 편안하게 대화한다곤 하지만 현안을 논의할
때는 비공개 자리라도 신경전은 꽤나 팽팽하다고 한다. 이런 에피소
드도 있다. 한국과 일본 간 코로나19 공조 논의차 실무진 간 전화 통
화가 이루어졌다. 통화를 하다 보니 당연히 코로나19 외 다른 현안들
에 대해서도 논의하게 되었는데, 우리 실무진은 분위기를 좀 풀어보
고자 이렇게 말했다(전언이기 때문에 정확한 워딩/통역은 아닌 점을 감안해
주시길).

　"일본은 바로 바다 건너에 있는 우리와 아주 가까운 나라이니 잘
협력해서 문제를 풀어보면 좋겠네요."

　이 말을 들은 일본 측의 반응은 이랬다고 한다.

"그 바다는 일본해이지요."

그러자 우리 실무진 역시 곧바로 맞받아쳤다.

"그건 동해이지요."

서로 잘해보자고 건넨 한마디에 일본 실무진은 죽자고 달려드는 기세였다. 물론 전체적인 분위기가 그렇게 험악하거나 무거웠던 건 아니었다지만, 서로 웃으면서도 이를 악물고 미묘한 신경전을 펼친 것이다. 결국 주제에서 벗어나 '동해 vs. 일본해' 공방을 짧게 펼치게 되면서 해당 회의에 참석한 배석자들은 마치 살얼음판을 걷는 기분이었다고 전했다.

일본의 '사과'
진실공방 내막

2019년 11월, 한일 간 갈등에 극에 달했을 때의 일이다.

한일 간 군사정보보호협정(지소미아) 종료 '조건부 연기'와 세계무역기구WTO 제소 절차 정지 관련 합의를 두고 양국은 진실공방을 벌였다. 청와대는 일본 경제산업성이 지소미아 종료 '조건부 연기' 과정의 합의를 사실과 다르게 발표했으며, 이와 관련해 일본으로부터 사과를 받았다고 했다. 하지만 일본이 "사과한 적 없다"고 발뺌하면 '사과 논란'으로 진실공방이 번지게 되었다.

대체 어찌 된 일일까. 내막은 이러하다. 일본 내에서도 부처 간 알력다툼이 존재하는데 이때도 그런 케이스였다. 일본 내 외무성과 경산성 간의 알력다툼 때문에 비롯된 것이다. 일본 외무성 관계자에 따르면 당시 지소미아 조건부 합의 관련 내용 발표를 놓고 일본 외무성 차관이 직접 우리 외교부 조세영 1차관에게 '유감 표명'을 했다고 한다. 서면이 아닌 구두로 사과를 받았다는 말인데, 문제는 경산성 출신의 이마이 다카야 전 총리보좌관이 아베 당시 총리에게 "한국에 그런 사과한 적 없다"라고 말한 것이다. 아베 전 총리의 최측근인 이마이가 아베에게 잘 보이려고 한 거짓말 때문에 결국 경산성이 직접 나서서 "한국에 사죄는 없었다"라는 발표까지 한 것이다. 실제로 일본에서는 외무성보다 경산성이 훨씬 더 힘이 있다고 한다.

결국 여러모로 밀린 일본 외무성은 이미 우리 측에 사과를 해놓고도 '우리, 사과 안 했어요' 해야 하는 꼴이 돼버린 것이다. 일본 내 부처 간 알력다툼 때문에 결과적으로 우리 정부의 입지만 우스워져버렸다.

북한 미사일보다
중요한 '연휴'

2019년 5월 초, 북한이 단거리 미사일을 발사했다. 한 번도 아니고 두 번을 며칠 간격으로 쐈다. 그것도 문재인 대통령 취임 2주년을 하루 앞두고 도발해 군사적 긴장감을 고조시켰다. 우리 정부의 대화 시도를 미사일 몇 방으로 짓밟아버린 것이다.

우리 군의 발표는 다소 답답했다. 북한이 미사일을 발사한 뒤 군은 '정밀 분석 중'이란 입장만 반복했다. 군의 모호한 발표는 야당 등 일각에서 말하는 것처럼 '북한 눈치보기'로밖에 안 보였다. 만일 며칠간 정말 '분석'만 했다면 그건 우리 군의 무능력함을 보여주는 것밖에 되지 않는다.

북한 발사체를 분석할 때는 우리 군의 능력도 중요하지만 미국과 일본도 자체적으로 분석해 우리와 정보를 공유한다. 특히 일본과는 지소미아를 맺고 있어서, 5월에 북한이 도발했을 때도 지소미아를 통해 일본과 정보공유가 이뤄졌다. 그러나 당시 정보공유가 곧바로 이뤄진 건 아니었는데, 그 이유는 일본에서 새 일왕이 즉위를 앞두고 있었기 때문이다.

그런데 군사정보 공유와 새 일왕 즉위가 무슨 연관이 있을까. 일본은 2019년 4월 30일 아키히토 일왕이 퇴위하고 5월 1일 나루히토 왕세자가 새 일왕으로 즉위하는 것을 기념하여 열흘간을 장기연휴 기간으로 설정하고 국민들이 축하하도록 했다. 문제는 이 연휴 기간이 한국과 일본의 지소미아 협정에 직접적인 영향을 준 것이다. 5월에 북한이 두 번에 걸쳐 미사일을 쐈을 때, 일본도 당연히 자체 분석을 통해 한국에 정보를 공유해줘야 하는데 당시 일본 내 군 담당자가 장기휴가를 갔다는 얘기다. 그 바람에 초기 분석이 늦어질 수밖에 없었다고 한다.

당시 정보 관련 고위 관계자로부터 들은 이야기라 꽤 신빙성이 있었지만 그럼에도 쉽사리 믿긴 어려운 이야기였다. '북한이 미사일을 쏴대는데 군 내부에서 관련 담당자가 휴가를 갔다고 정보 분석을 바로 안 한다는 게 말이 되나?' 이게 나의 반응이었다. 물론 일본이 아예 초기분석조차 안 하진 않았을 거라고 본다. 다만 북한이 5월에 쏜 미사일의 경우, 풀업(하강 단계에서 수평기동 비행) 기동을 했기 때문에 우리 측 레이더만으로는 잡는 데 한계가 있었다고 전해졌다.

일본에는 한반도 인근을 관찰하는 위성이 여러 대 있다. 그래서 북한이 미사일을 쐈을 때 다각도 분석이 가능하다고 한다. 물론 우리는 미국으로부터도 정보를 받지만 고위 관계자에 따르면 미국과는 시차가 있어서 실시간 정보 공유가 사실상 어렵다고 한다. 시차 없이 받으려면 미국 태평양 함대사령부에서 정보를 받아야 하는데 이 또한 빨라도 3시간은 걸린다. 즉 한·미·일이 합쳐질 때 비로소 제대로 된 분석이 나올 수 있다는 이야기다.

과거사 등으로 인한 한일 간 갈등은 문재인 정부 들어서도 계속 이어졌고, 이는 한일 간 군사 교류에도 영향을 미치는 것으로 보인다. 일각에선 지소미아가 종료될 경우, 우리 정부에 미칠 부정적 영향을 우려했다. 실제로 우리 군 고위 관계자는 "지소미아가 종료되면 큰일"이라고 우려했다고 한다.

'성적 발언'한 소마 공사
일본 정부 관료들이 보는 한국

지난 7월, JTBC는 일본 대사관 고위 관계자가 취재진과의 식사 자리에서 한일관계에 대한 문 대통령의 행보를 '마스터베이션(자위행위)'에 비유했다고 보도했다. 통상 취재원과의 사적인 자리에서 나온 발언은 보도하지 않는 게 관례지만 이때 식사를 함께했던 취재진은 일본 대사관 고위 관계자인 소마 히로히사 총괄공사가 '선'을 넘었다고 판단한 것으로 보이고, 아무리 편한 자리였다 하더라도 외교관으로서 실제 '선'을 넘은 게 맞다.

소마 공사와는 나 또한 개인적으로 친분이 있다. 사석에서는 말을 굉장히 편하게 하는 스타일이다. 한국 음식을 좋아한다며 한식당에서 매운 낙지볶음에 밥 한 그릇을 뚝딱 비우고 된장국을 추가하는 털털한 모습도 보인다. 그렇다 한들, 외교관으로서 지켜야 할 선이 있는데 한일관계와 관련해 상대국 대통령의 행보를 성적 발언으로 표현한 건 매우 부적절했다. 사실 소마 공사의 발언이 아슬아슬했던 적은 그전에도 몇 번 있었다. 따로 보도하진 못했지만 일본이 한국을 어떻게 생각하는지는 충분히 알 수 있었다.

소마 공사의 '선' 넘은 발언까지는 아니더라도 일본 관계자들을 만나면 사실 꽤나 이런 경우가 잦다. 한국에 대한 감정이 사석에서 고스란히 드러난다. 그렇다고 우리 정부 관계자들과 사이가 나쁘거나 하진 않은 것 같았다. 실제 한국과 일본 정부 관계자들이 사석에서 만나면 서로의 어려운 점을 공유하며 '동병상련'의 마음으로 대화하곤 한다. 다만 공식적인 자리에서, 혹은 현안에 대해서는 한국과 항상 대립각을 세우는 모습이다.

한국에서 다소 유화적 제스처를 먼저 보일 때도 일본은 "답안지를 가져오라"는 말만 되풀이했다고 한다. 여기서 답안지란, 강제징용 문제와 위안부 판결에 대한 한국 측의 답변을 말한다. 물론 우리가 내놓을 답이 일본은 분명 달갑지 않을 것이다. 일본이 원하는 답은 가령 "(강제징용 피해자들에게) 거래대금 압류는 없다"라는 식으로 못을 박는 등의 확실한 입장을 달라는 것이다. 하지만 이는 있을 수 없는 일이다.

일본 관계자들은 사석에서도 강제징용과 관련해서 한국에 책임을 돌렸다. "1965년 한일협정으로 끝난 일을 자꾸 들먹이는 건 문제가 있다. 책임 있는 정부란 앞선 합의를 존중하는 모습을 보여야 하지 않나'라고 되물었다. '책임 있는 정부'라는 발언까지 나오자 이건 아니라는 생각이 들었다. '한국은 골대를 움직이는 나라'라는 프레임은 일본 정부가 단골로 들고 나오는 비유다.

내가 "그렇다면 아마도 한일관계는 평행선을 달릴 수밖에 없겠다"라고 다소 단호한 어조로 말했더니 일본 관계자는 표정 변화 하나 없이 "그럼 한국의 손해가 얼마나 클지 생각해보라"고 배짱을 부렸다. 이렇게 그들의 발언은 항상 묘하게 한국을 얕잡아보며 무시하는 듯한 뉘앙스를 풍긴다. 일본 고위급 정부 관계자들의 뼛속 깊은 우월의식, 그들만의 폐쇄적인 사고방식을 마주하는 듯하다.

일본에서는 '3대 비한'이 유행이라고 한다. '3대 비한'이란 다음과 같다.

1. 한국을 돕지 않고
2. 한국에 대해 관여하지 않고
3. 한국에 대해 가르치지 않는다.

실제로 얼마나 많은 일본 사람들이 '3대 비한'을 따르는지는 알 수 없으나 일본 국회의원들 사이에선 꽤나 잘 알려져 있다고 했다.

또 다른 일본 관계자는 한국 사람들이 착각하는 부분에 대해서도 귀띔해줬다. 일본 내부에서는 한국에서 '일본통'이라고 알려진 사람들에게 반발 기류가 꽤 크다고 했다. 대표적인 인물이 강창일 주일본 한국 대사인데 일본 국회의원들 중에는 그에 대해 대놓고 욕하는 경우도 더러 있다는 것이다. 가장 큰 이유는 일본이 가장 민감해하는 두 가지를 강 대사가 건드렸기 때문이다. 즉, '북방영토'와 '덴노' 발언이 그것이다. 2011년 강 대사는 러시아가 주권을 행사하는 쿠릴 열도의 '쿠나시르'를 방문하면서 "북방 영토는 러시아 영토"라고 말한 바 있다. 해당 발언에 대해 "러시아에 빼앗겨 점유 당했다는 취지로 말했는데 잘 전달되지 않았다"라고 밝혔으나 논란은 가라앉지 않았다. 또 강 대사는 일본 천왕을 뜻하는 '덴노'에 대해 "한국에선 일왕이라고 하자"라고 말한 바 있다. 이후 강 대사는 "대사로 부임하면 천왕이라고 부르지 않으면 안 될 것"이라고 했지만 일본인들은 그의 과거 발언 때문에 앙금이 남아 있다는 것이었다.

어쨌든 강 대사처럼 일본을 잘 알고 일본 정계와 친밀하다고 생각되는 사람, 소위 '일본통'으로 불리는 인물들이 실제 일본에서는 다른 평가를 받는다는 이야기였다. 이 이야기를 해준 일본 측 관계자는 "청와대 사람들이 일본에 대한 이해도가 낮은 거 같다"라고 덧붙였다.

"후쿠시마 방류, 일본에 적극 항의"
진실은?

일본의 후쿠시마 오염수 방류 결정 전, 한국 정부는 일본 정부 설득에 공을 들이는 듯했다. 일본과 관련한 문제에 있어선 특히 국민들이 민감했기 때문이다. 하지만 당시 정부 관계자들의 이야기는 겉으로 보이는 것과는 좀 달랐다.

"우리도 원전 배출수를 바다에 방류하고 있기 때문에 일본에만 문제 삼기는 좀 그래요."

우리 정부 관계자의 이야기다. 즉 한국도 문제가 되는 '삼중수소'를 머금은 물을 이미 방류하고 있고, 전 세계적으로 원전 운영국은 다 그렇게 하고 있기 때문에 이를 막을 법적 명분이 미약하다는 것이었다.

"우리도 버리고, 중국, 미국 캐나다 등도 다 버려왔습니다. 삼중수소는 자연발생적인 방사능 물질이기도 하고요. 일본이 버리면 우리에게 들어온다는 건 말이 안 됩니다."

　우리 측 관계자의 발언이라고는 믿기 어려웠다. 듣고도 내 귀를 의심했다. 사실상 일본 정부의 논리에 우리 정부가 이미 다 설득된 것 같았다. 후쿠시마 오염수 방류를 문제 삼는 나라는 한국뿐이라고도 덧붙였다. 다른 나라는 한국처럼 적극적으로 오염수 문제를 제기하지 않는다면서 프랑스 정부의 예를 들었다. 프랑스 대사관에서 우리 정부에 "한국은 왜 그렇게 후쿠시마 오염수 방류를 문제 삼는 것이냐'라며 직접 문의를 해왔다는 거였다. 프랑스 정부도 후쿠시마 오염수 방류 문제와 관련해 조사단을 일본에 파견해 확인했고, 그 결과 아무 이상 없는 것으로 결과가 나왔는데 왜 자꾸 우리 정부는 문제를 제기하는지, 되물었다고 한다.

　그러면서 오히려 그린피스 등 환경단체의 문제성을 제기했다. 오염수 방류로 인한 건강 문제는 사실상 걱정할 것이 없는데 우리나라 언론이 너무 그린피스 등 환경단체의 이야기만 믿고 보도를 한다며 불만을 토로했다.

　그동안 일본에서 적극적으로 설명해가며 공을 들인 '덕'인지, 우리 정부 관계자들도 이제는 '후쿠시마 오염수 방류는 크게 문제될 것이 없다'라고 믿는 것 같았다. 사실 일본에 관련된 사안에 있어서는 정부가 '국민감정'을 더 중요하게 생각하고, 국민 여론도 다른 문제보다 더욱 민감하게 반응하기 때문에 이를 다루는 정부 관계자들은 어려운 위치에 놓일 수밖에 없다. 또 문제가 있다는 걸 알면서도 딱히 방법이 없다고 생각한 것 같기도 했다.

물론 우리 측 관계자들은 브리핑 등 공식적인 자리에서는 "일본 정부에 적극적으로 대응하고 있다"고 말한다. 하지만 이미 다 설득된 마당에, 공식적인 자리에서 말하는 일본에 대한 '적극적인 대응'이 이루어질 리 만무하다.

과거사가 '과거사'가 아닌 이유

강제동원 후손들의 피눈물

지난 5년 동안 한일관계는 악화일로를 걸었다. 한일관계야 좋은 적이 없기는 하지만 지난 몇 년간 갈등의 종류가 다양해지고 그 폭도 더 깊어졌다. 일본군 위안부와 강제 징용 피해 등 과거사 위주였던 갈등 양상이 경제·군사 분야까지 확대된 것이다.

대표적인 것이 초계기 갈등과 수출 규제다. 일본은 2018년 12월부터 수차례 광개토대왕함 등 한국의 해군 함정들에 대해 저공 위협 비행을 했다. 2019년 8월, 일본은 강제징용에 대한 대법원 판결(2018년 10월)을 이유로 한국을 화이트 리스트에서 제외시켰다. 국내에서는 일본산 불매 운동이 확산되고 일본으로 향하는 관광객까지 눈에 띄게 줄어들면서 반일·반한 감정도 극에 달했다.

지금까지도 상황은 평행선을 그리고 있다. 강경 기조였던 우리 정부가 2021년 3.1절을 계기로 유화 제스처를 보내고 있지만 일본은 꿈쩍도 않고 있다. 오히려 일본 정부가 조선인 강제동원의 역사가 서린

니가타현 사도광산을 유네스코 세계문화유산 등재로까지 추진하고 나서면서 갈등 요소가 하나 더 추가됐다.

경제 분야까지 갈등의 골이 깊어지다 보니 과거가 현재의 발목을 잡아 양 국가의 건실한 경제발전도 막고 있다는 우려의 목소리도 나온다. 인적·물적 교류가 현저히 줄고 있기 때문이다. 일면 일리 있는 얘기다. 외교백서에서 매번 언급하듯 한국과 일본은 '매우 가까운 이웃나라'가 아닌가. 갈등이 봉합되고 교류가 늘어난다면 경제·사회·문화적 발전에 있어 윈윈일 것이다.

하지만 그걸 누가 모를까. 과거사를 정말 '과거사'로만 보는 것은 단편적인 시각이다. 단순히 전범국인 일본이 전쟁 피해자들에게 진심 어린 사과와 보상을 하지 않았다는 차원이 아니다. 피해자들의 고통은 현재 진행 중이기 때문이다.

취재진은 지난 몇 년 동안 다양한 일제 피해자들과 그 후손들을 만났다. 부평의 미쓰비시 줄사택 등 한국에 남은 강제동원의 흔적도 직접 현장을 찾아다녔다. 취재 과정에서 만난 강제징용 피해자의 후손, 위안부 피해자들은 하나같이 '현재의 고통'을 토로했다.

:: 가족도 모르게 일본의 '신'이 된 사람들

특히 기억에 남는 건 야스쿠니 신사 불법 합사 피해 유족들과의 만남이었다. 도쿄의 야스쿠니 신사는 2차 세계대전 전범들을 신격화해 제사를 지내는 곳이다. 아베 전 총리 등 굵직한 정치인들이 참배를 할 때마다 규탄이 쏟아지는 이유다.

여기에 한국인 2만 1천 명의 이름이 올라 있다. 일본 당국은 유족에게 아무런 통보 없이 강제 동원된 조선인 군인과 노동자를 합사해 버렸다. '천황을 위해 목숨을 바쳤다'라는 논리였다. 이 사실은 1990년대 들어서 생사를 알 수 없는 아버지의 정보를 찾아 나선 유족들에 의해 알려졌다. 유족들이 발굴한 명부에는 '합사제'라는 글자가 또렷이 적혀 있었다. 유족들은 2001년부터 소송에 나섰지만 한 번도 승소한 적이 없다. 하지만 여전히 소송을 진행 중이다. 십수 년간 소송이 이어지는 사이, 먼저 세상을 떠난 분들도 있다.

2021년 11월, 서울 청파동 민족문제연구소에서 만난 유족도 여든을 넘은 고령자들이었다. 날이 찬데 몸이 불편한 분들을 먼 곳까지 모시기 죄송스러워 직접 댁으로 찾아가 인터뷰하겠다고 말씀드렸으나 극구 마다하고 직접 대중교통을 몇 번씩 갈아타며 연구소로 찾아오셨다. 연구소에 소장 자료가 많다는 이유였다. 또 이 문제라면 어디든 찾아가 목소리를 내겠다고 하셨다.

귀중한 발걸음을 한 분들께 나는 뾰족한 질문을 드릴 수밖에 없었다. 아픈 기억을 끄집어내야 했던 노인들은 기어이 눈물을 보이셨다. 박남순 할머니는 태어나기도 전에 아버지가 징용됐다. 1942년, 어머니의 뱃속에 있을 때였다. 박 씨의 할머니는 아들이 죽은 것을 두 눈으로 보지 못했다며 항상 대문을 열고 지냈다고 한다. 언젠간 돌아올 것이라면서. 박 씨가 아버지의 합사 사실을 알게 된 것은 2011년이었다.

"우리 아버지가 돌아가셨다는 통지도 없었고, 야스쿠니에 모셨다는 말도 없었는데 '천황'을 위해 죽었다며 범법자들과 함께 있다니 놀라고 기가 막혔습니다."

박 씨는 "식민지가 끝난 게 언제인데 우리 아버지는 아직도 거기 갇혀 있잖아요"라며 울분을 토했다. 역시 강제동원 피해자 유족이자 태평양전쟁피해자보상추진협의회 대표인 이희자 씨도 "우리나라가 45년 해방됐다고 하지만 우리 가족은 지금도 해방을 맞은 게 아닙니다"라고 강조했다. 이 대표는 우리나라에서 가장 활발히 활동하고 있는 유족 대표다. 그런 그도 활동을 시작한 지 한참 지나서야 아버지가 야스쿠니에 합사되어 있다는 사실을 알고 아연실색했다고 한다.

:: 가난과 죄책감에 시달리는 후손

일제 피해자의 후손들은 대부분 가난과 정신적 고통에 평생을 시달리고 있다. 직접 전쟁에 나가거나 일본군에 의해 죽거나 다치는 물리적 피해에 못지않은 고통이다. 하지만 이 부분은 생각보다 조명받지 못하고 있다.

조선인 징용자의 연령은 대부분 20대 초반이었다. 당시 막 결혼했거나 어린아이가 있는 가장인 경우가 많았다. 가장이 끌려가니 집안은 초토화됐다. 늙은 부모는 충격과 슬픔에 몸져누웠고, 어린 과부는 주변의 압박에 못 이겨 재혼하거나 아이들을 먹여 살리기 위해 온갖 궂은일을 해야 했다. 하지만 아무리 노력해도 가난의 수렁에서 빠져나올 수 없었다. 아버지 없이 자란 아이들은 평생을 불안과 그리움 속에서 위축돼 살았다.

기자가 만난 강제동원 피해 후손 최상남 씨는 아버지를 일제에 빼앗긴 피해자이면서도 평생 가슴에 죄책감을 안고 살아온 경우다. 귀가 좋지 않아 보청기를 낀 최 씨는 작지만 분명한 목소리로 카메라 앞에서 지난날을 되짚었다. 최 씨는 어린 시절 아버지가 일본군에 자원한 것으로 잘못 알았다고 한다. 이 때문에 아버지에 대한 그리움도 숨기고 살아야 했다. 세 살 때 헤어진 아버지가 너무 보고 싶어 아버지 사진을 책갈피처럼 교과서에 끼워서 학교까지 갖고 다녔지만 하지만 누가 볼까 두려워 몰래 펼쳐보아야 했다.

"우리 아버지는 일본을 위해 지원해서 군에 갔는데, 사실 역적의
자식이잖아요. 군대에 갔다고도 못 하고 몰래 아버지 사진을 책 사이
에 끼워서 가지고 다녔어요. 비가 와서 운동장에서 뛰다가 책을 떨어
뜨리는 바람에 사진이 몽땅 젖어 말리느라 힘들었던 기억도 납니다."

최 씨는 아주 오랜 시간이 지나서야 아버지가 강제로 입대했다는
것을 알게 되었다고 했다. 지원하지 않으면 동생이 가야 한다는 주변
의 말에 어쩔 수 없이 입소했다는 것이다. 최 씨는 돌아가신 어머니에
게도 강한 죄책감을 가지고 있었다. 최 씨는 어머니에 대해 묻자 '내
가 정말 불효자'라며 울먹거렸다. 어린 시절, 주변에서는 아직 젊은 어
머니의 재혼을 권유했지만 어머니는 아이들을 위해 홀로 사셨다고 한
다. 최 씨는 지금으로 치면 '분리불안'같은 증세를 보였던 것 같다. 생
떼 같은 아버지를 눈앞에서 떠나보낸 어린아이의 당연한 행동이었으
나 최 씨는 그게 어머니에게 너무 죄송하다고 했다.

"시골 동네잖아요. 사람들이 '너희 엄마 시집간다'라고 놀리면 참
말이라고 생각해서 두려운 거예요. 책보를 싸놓고 엄마를 따라가려고
밤새 잠을 안 잤어요."

최 씨도 아버지가 야스쿠니 신사에 합사되어 있다는 사실을 알고서는 소송에 적극적으로 참여하고 있다. 원하는 건 딱 하나다. 합사 명단에서 제외해달라는 것이다. 돈이 드는 것도, 대단한 물리적 조치가 필요한 것도 아니다. 하지만 일본은 이런 간절한 외침마저 외면하고 있다. 최 씨는 이렇게 호소했다.

"아버지가 억지로 끌려간 것도 억울한데 일본에 협조한 영웅으로 남는 것이 비통합니다. 돌아가신 분이 살아올 수는 없지만, 늦었지만 내 고향 산천에 모실 수 있게 돌려주세요. 그것도 못 해준다면 인간도 아니에요."

:: 7년의 소송, 1분 만에 끝나다

유족에게 일본이라는 나라는 평생 이름만 들어도 울분이 치솟는 존재다. 재판을 위해 수차례 일본을 찾은 박남순 할머니는 일본 출장을 앞둘 때마다 며칠 동안 밥이 안 먹힌다고 했다. 오랜만의 인터뷰를 앞두고도 괴로운 마음이 들었다고 했다.

"아무것도 아닌데 괜히 가슴이 먹먹하고, 인터뷰하러 가서 무슨 말을 해야 하나 싶고, 우리 할아버지가 살아온다면 밤을 새고라도 할 텐데……."

유족들은 소송을 준비하며 일본 측에게 수차례 멸시를 당했다. 2014년에는 직접 야스쿠니 신사를 항의 방문했지만 관계자들이 초입부터 막아섰다. 관광객은 누구나 자유롭게 드나들 수 있는 공간이었다. 유족들은 "우리 아버지의 이름을 빼면 오라 해도 안 온다고 항의했지만 소용이 없었다"고 기억했다. 당시 일본 경비원들과 대치중인 사진 속 박남순 씨의 표정에서 슬픔과 분노가 함께 느껴진다.

2019년 5월, 도쿄에서 유족들은 또 한 번 오열한다. 7년 동안 준비한 재판이 1분 만에 끝났다. 판사는 "원고의 모든 요구를 기각하고 소송 비용은 원고 측이 부담한다"라는 짧은 판결문만 읽고 법정을 떠났다. 이희자 씨는 "몇 초 만에 재판이 끝나는데 숨이 막혔죠. 숨이 막혀 죽을 것 같았어요"라고 털어놨다.

이들의 싸움은 현재 진행형이다. 코로나19 때문에 도쿄에서 열리는 심문 기일은 계속 미뤄졌다. 일본 법원과 야스쿠니 신사 측은 "야스쿠니 신사는 종교 시설이며 일본 정부는 합사에 관여하지 않았다"는 주장을 굽히지 않고 있다. 종교적 관행에 따라 한번 이름을 올리면 명단에서 제외할 수 없다는 억지주장도 그대로다. 정부가 관여하지 않았다는 변명과 함께. 하지만 동북아역사재단의 자료를 보면 일본 후생성이 1959년부터 2만 명이 넘는 한국인들의 자료를 야스쿠니 신사에 제공했다고 나와 있다. 야스쿠니 신사 합사 회의에 구 해군성, 육군성 관계자가 참석하기도 했다.

취재차 만나 인터뷰한 남상구 동북아역사재단 연구정책실장은 이렇게 말했다.

"식민지 문제는 교과서에 나오는 과거의 문제가 아닙니다. 아버지를 강제로 일본에 빼앗기고 가족들도 모른 사이 아버지가 야스쿠니에 합사된 유족들 입장에서는 식민 지배가 오늘이고 내일의 문제입니다. 이것을 단지 그분들에게만 맡겨둘 게 아니라 우리 사회가 함께 고민해 나가야 합니다."

'고래 싸움에 새우등 터진다'
미중 사이에 낀 한국

10중에 미국이 5.5면
나머지는 중국

2018년 4월, 문정인 당시 대통령 통일외교안보 특보는 미국 외교 전문지 《포린어페어스》 기고문에 '평화협정이 서명되면 주한미군이 더이상 한국에 주둔하는 게 힘들어질 것'이라고 썼고, 이 글은 파장이 됐다. 주한미군 철수가 필요하다는 걸로 언급한 것처럼 비춰지자 문 대통령도 나서서 "주한미군은 한미동맹의 문제이다. 평화 협정 체결과는 아무 상관이 없는 것이다"라고 했다. 추후 문 전 특보는 해당 기고문에 적은 그 문제의 문장이 '주한미군 철수'를 의미하는 게 아니고 번역이 제대로 안 된 거라며 "주한미군 유지는 필요하다"라는 입장을 밝혀 '오역 해프닝'으로 마무리됐다. 다만 이 일이 벌어졌을 때 청와대 내부 분위기는 이랬다.

    "청와대에서 중요도로 볼 때 10중에 5.5는 미국, 나머지는 중국이다. 8이나 9가 미국은 아니지 않냐."

한 청와대 관계자가 했던 말이다. 이것이 무슨 뜻이냐면 당시 문 전 특보가 했던 말이 중국에게는 '한국이 이만큼 중국도 생각하고 있다'라는 걸 보여줬다는 것이다. 물론 당시 문 전 특보의 언급이 '주한미군 철수'를 의미하는 줄 알고 문 대통령이 직접 '그건 아니다'라고 조기 진화에 나섰던 건, 당시 미국이 자칫 오해할까 봐서 그랬던 것이라고. 하지만 청와대는 문 전 특보의 발언들이 가끔 일종의 '중화 작용' 역할을 하는 것으로 여겼다. 청와대가 직접 나서서 할 수 없는 이야기를 특보가 해줌으로써, 미국도 챙기고 중국도 챙길 수 있다는 얘기다.

미국과 중국이 우리 외교의 전부는 아니지만 대단히 큰 비중을 차지하고 있는 건 사실이라 미중 갈등이 심화될수록 우리는 더더욱 힘들어지는 상황이다. 어느 한 편을 드는 것이 정답은 아니기 때문이다. 정치권 일부에선 무조건 한 편을 들어야 한다는 논리를 펼치기도 하지만 실제 외교현장에선 그렇게 무 자르듯 쉽게 결정할 문제가 아니다. 우리가 미국의 동맹국이고, 미국의 핵우산 아래 보호받는 국가라는 점은 누구나 알고 있지만, 그렇다고 중국과의 관계를 소홀히 하다가는 경제적으로 중국과 얽혀 있는 기업들도 많은데 결국 우리의 먹고사는 문제로 직결될 수 있다. 중국과 경제적으로 얽인 부분을 미국이 대신 채워주거나 다른 국가들로 대체하는 것도 말처럼 쉽진 않다.

2016년 7월 '사드THAAD(고고도미사일방어체계) 배치 결정' 발표 이후 중국이 한국에 가한 경제보복이 단적인 예시다. 현대·기아자동차가 중국 시장에서 판매가 급감하면서 이런 대기업에 물건을 납품하는 중소 협력업체들도 적자에 허덕였다. 또 항상 중국인들로 붐비던 명동거리는 아직까지도 한산하다. 중국인 단체관광객을 상대하던 자영업자들은 여전히 울며 겨자 먹기로 집세를 내며 근근이 버티거나 이미 장사를 접고 포기해버렸다. 경제보복을 하는 중국이 너무 괘씸하다는 생각이 들지만, 결국 외교에선 '자존심'보다 먼저 생각해야 될 것이 국민의 '먹고사는 문제'인 것 같다.

기자 폭행 의식한
문 대통령

2017년 12월, 문 대통령의 중국 순방 때 벌어진 일이다. 당시 언론에도 많이 보도가 됐는데 순방 중 우리 측 기자가 중국 측 경호원들에게 폭행당하는 일이 발생했다.

베이징 시내에서 열린 한중 경제무역 파트너십 개막식에서 문 대통령을 취재하던 청와대 출입 사진기자 2명이 중국 경호원들에게 제지당했고, 그중 한 기자가 항의하자 중국 경호원이 멱살을 잡고 넘어뜨린 것이다. 이후 항의하는 과정에서 또 시비가 붙었고, 중국 경호원 십여 명이 우리 측 사진기자를 집단 폭행했다. 기자들은 대통령 의료진이 응급처치한 뒤 베이징 시내 병원에서 치료를 받았는데 이중 한 명은 안구와 눈 속 근육을 보호하는 뼈가 골절되는 중상을 입었다. 당시 현지에 마련된 기자실에서 이 소식을 접한 뒤 매우 놀랐던 기억이 난다.

보통 현지 취재할 때는 한국에서 따라간 모든 기자가 현장에 동행하는 게 아니라, '풀기자'라고 해서 순번에 따라 그날 순번인 기자들이 행사 현장에 가게 돼 있다. 나는 그날 풀기자가 아니었기에 사고 현장이 아닌 기자실에서 소식을 접했다. 사고 후 현지에 마련된 기자실에 청와대 관계자가 찾아와 이날 발생한 일에 대해 설명했다. 청와대 관계자에 따르면 폭행 가해자는 우리 측 코트라와 계약된 현지 보안업체 직원으로 보이는데 어쨌든 현장 총괄은 중국 공안이 맡고 있었다고 했다.

사고 직후 열린 한중 정상회담장에선 강경화 당시 외교부 장관이 왕이 중국 외교부 부장에게 유감을 표명하고 재발방지와 책임자 문책을 요구했다. 정의용 당시 청와대 안보실장도 공안 담당자에게 철저한 수사를 당부했다. 하지만 중국 측에선 "한국 측 행사"라며 선을 그었다. 당시 중국 외교부 대변인은 이 문제와 관련해 정례 브리핑에서 "만일 누군가 부상을 당했다면 당연히 관심關心을 표시한다"면서도 "초보적 이해에 따르면 이번 행사는 문재인 대통령 방중에 맞춰 한국 측에서 주최한 자체 행사"라고 설명했다. 기자 폭행 사건이 외교 문제로 비화되는 듯한 모습이었다. 다만 정상 간 대화에서는 이 문제를 거론하진 않았다.

문 대통령은 순방 중 이를 의식한 듯 행동했던 것으로 전해졌다. 문 대통령이 베이징 일정을 마친 뒤 충칭에 갔을 때 청와대 관계자로부터 일화를 들었다. 한 행사장에서 기자들이 넘어오지 못하게 표시해둔 선을 우리 측 기자가 실수로 살짝 넘어갔다고 한다. 그 장면을 포착한 문 대통령은 직접 해당 기자에게 눈짓을 하며 손으로 뒤로 물러서달라는 표시를 했다는 거다. 사실상 베이징에서의 기자 폭행 사건을 의식해 또 다른 사고가 벌어지지 않도록 문 대통령이 사전에 차단하려 했던 것으로 풀이된다. 우리 측 경호원들도 충칭에서는 사전에 중국 공안과 협의해서 기자들이 서 있을 위치 등을 미리 파악하는 등 경호에 만전을 기울였던 것으로 전해진다.

'사드' 단어조차
부담스러운 한국

사드 배치를 결정한 것은 박근혜 정부였다. 당시에도 찬반 여론이 갈렸지만 배치는 결정됐고, 문재인 정부가 들어서면서 '사드 배치 재검토'를 약속했다. 하지만 외교에는 상대국이 있는 만큼 한번 내려진 결정을 손바닥 뒤집듯 바꿀 수는 없는 노릇이었다. 때문에 문 대통령 임기 초기 '사드'는 청와대에서 매우 조심스러운 주제였다.

그렇다고 사드 때문에 한중 관계를 손 놓고 바라볼 수만도 없었다. 한국과 중국은 협의의 끝에 2017년 10월 31일에 양국관계를 정상화하기로 하고 사드 갈등을 일단 접기로 한다. 우리 정부는 사드 추가 배치 금지, 미국 미사일방어체계^{MD} 편입 금지, 한·미·일 군사동맹 불가 등 '3불^不 정책'을 이행하겠다고 했다. 하지만 이 합의에 대한 한국과 중국의 인식은 달랐던 것 같다.

문 대통령은 첫 동남아 순방 중 시진핑 중국 국가주석과 만나 한중 정상회담을 가졌다. 사실 이 회담이 있기 전 청와대 참모진과 관계 부처들이 제일 공을 들인 부분은 모든 외교라인을 동원해 정상회담 때 '사드'라는 단어가 안 나오게 하는 것이었다. 하지만 그 노력은 물거품이 되어버렸다. 시진핑 주석이 이 문제를 언급했기 때문이다. 이 사실은 정상회담 이후 중국 언론을 통해 뒤늦게 드러났다. 청와대도 정상회담 직후 브리핑에서 이런 언급이 있었다는 사실 자체를 말하지 않았다.

문 대통령은 기자들을 만나 직접 설명했다. "앞서 양국의 외교 실무 차원에서 합의된 것을 정상 차원에서 다시 한 번 확인하고 넘어간 것"이라며 "중국은 사드에 대해 안보 이익에 침해된다는 입장을 보였다"라고 했다. 또 "이에 우리는 중국을 겨냥한 것이 아니며 오로지 북한의 핵·미사일에 대응하기 위한 것이라고 설명했다"고 말했다. 그러면서 "사드 문제는 언론에서 표현하듯이 봉인된 것으로 그렇게 이해한다"라고 덧붙였다. 문 대통령도 사드 문제가 완전히 해결된 것은 아니고 '봉인'됐다고 했는데, 여기서 한국과 중국의 온도차가 있는 것 같았다.

당시 정부의 고위 관계자는 이런 말을 했다.

"문 대통령은 사드 '봉인'을 원하지만 중국은 사드를 '봉합' 수준으로 인식하고 있다."

여기서 '봉인'은 한마디로 꽉 묶어서 다시는 두말 안 하게 만든다는 뜻이고, '봉합'은 어느 정도 합의는 봤지만 언제라도 어그러질 개연성은 있다는 뜻이라는 거다. 그래서 중국은 사드 '봉인'이라는 단어 자체를 굉장히 민감하게 받아들인다고도 했다. 한국 입장에선 사드 문제가 일단락되어야 한중 관계의 다른 부분을 발전시켜 나갈 텐데 중국이 협의 때마다 이 문제를 들고 나올 경우 전혀 앞으로 나아갈 수 없다. 이 같은 이유로 한동안 우리 정부 관계자들 사이에선 '사드'의 '사'자도 듣기 싫단 말이 나돌았다.

미세먼지
인정 안 하는 중국

이제는 코로나19 때문에 마스크를 쓰고 다니는 것이 일상화됐지만 사실 우리가 마스크를 쓰기 시작한 건 '미세먼지' 때문이었다. 언제부터인가 파란 하늘을 볼 수 있는 날은 꼭 '운수 좋은 날'인 것 같았고, 이제 아침마다 기온이 몇 도인지보다 미세먼지 상태를 확인하는 것이 더 중요한 일이 돼버렸다.

미세먼지는 중국과의 현안 중 하나다. 실제 2017년 말엔 정상 차원의 의제가 되었고, 실무선에서 이런저런 대책도 마련했다. 하지만 여전히 청명한 하늘 보기가 쉽지 않은 걸 보면 여러 대책의 실효성에 의문을 가질 수밖에 없다.

당시 정부 관계자는 이런 얘기를 했다.

"중국이 미세먼지에 대한 잘못을 인정을 안 해……."

중국은 우리와 미세먼지 관련한 협력을 하겠다는 원론적인 이야기는 했지만 사실상 책임은 인정하지 않는다는 말이었다.

실제 문 대통령이 2018년 5월 일본 도쿄에서 리커창 중국 국무원 총리와 양자 회담을 가졌을 때 미세먼지와 관련된 언급이 있었다. 당시 문 대통령이 "양국 정부가 미세먼지 문제를 진지하게 걱정하고 협력하는 모습을 보여주자"고 하자, 리커창 총리는 "미세먼지의 원인은 매우 복잡하며 그 이유도 아직 정확하게 밝혀지지 않았다"라고 대응했다.

그나마 한국과 중국이 미세먼지와 관련해 함께 협력하기로 한 게 '한중환경협력센터'를 여는 일이었다. 베이징에 문을 연 이 센터를 통해 대기오염과 더불어 토양, 물, 폐기물 등 각종 환경 분야에서 공동 협력하기로 한 것이다.

중국, 유엔 안보리의
황소개구리

2021년 12월에 개봉한 영화 〈돈룩업Don't Look Up〉은 초대형 혜성의 지구 충돌을 앞두고 벌어지는 아비규환을 그린 블랙 코미디다. 인류의 멸망을 목전에 두고 대책 강구에 나선 전 세계 '지도자'들의 한심한 행태를 냉소적으로 그렸다. 미국 대통령, 세계 최대 IT 기업 CEO, 유력 언론사 앵커 등 영향력 있는 인물들이 전 지구적 위협을 진지하게 받아들이기는커녕 잇속 챙기기에 급급해하는 한심한 행태가 적나라하게 표현된다. 유엔 사무총장도 등장하는데 그 분량은 단 2초. 이미 사태가 곪을 대로 곪은 상황에서 뒤늦게 등장해 "좌시하지 않을 것"이라고만 내뱉고 더 이상 나오지 않는다. 현실을 굉장히 잘 묘사했다는 생각이 들었다.

2021년에도 유엔의 역할이 필요한 사태가 줄줄이 발생했지만 유엔은 별다른 힘을 쓰지 못해 종이호랑이라는 비판이 나왔다. 1월엔 미얀마에서 군부 쿠데타가 일어나 정권을 장악하고 아웅산 수치 여사를 구금했다. 군인들은 시위에 나선 시민들에게 총을 거누었다. 거리에 시체가 널렸다. 8월엔 탈레반이 20년 만에 아프가니스탄 카불을 점령했다. 역시 공개처형 등 인권 문제가 당장의 과제로 떠올랐다. 하지만 유엔의 구속력 있는 결의안은 번번이 좌절됐다. 중국과 러시아가 거부권을 행사했기 때문이다.

유엔 안전보장이사회는 유엔에서 가장 강력한 권한을 가진 조직이다. 인권이사회 등 다른 기관들은 실질적인 조치를 취하지 못하기 때문이다. 안보리는 국가나 개인, 단체에 수출 금지 등 경제 제재를 가할 수 있다. 무력을 행사할 수 있는 권한도 있다. 국가가 자국민을 범죄나 전쟁 등으로부터 보호하지 못할 경우에 한해서다. 2011년 리비아 사태 때 처음 사용됐다. 아무리 유엔 무용론이 불거져도 유엔 안보리 회의가 열릴 때마다 온 세계의 관심이 쏠리는 이유다. 하지만 특정 안건이 유엔 안보리의 결정에 따라 실제 제재나 무력 개입으로 이어지는 경우는 매우 드물다. 안보리는 '언론성명, 의장성명, 결의' 이렇게 세 가지 조치를 취할 수 있는데 '결의안 통과'까지 가는 길이 멀고 험하다.

유엔 안보리는 상임이사국 5개국과 10개의 비상임 이사국으로 구성된다. 소위 P5라고 불리는 상임이사국 5개국은 미국, 러시아, 중국, 영국, 프랑스다. 표결 시 P5 중 하나라도 비토veto(거부권)하면 결의안이 나오지 못한다. 미얀마와 아프간 문제가 수차례 안건으로 올라왔지만 러시아와 중국은 그때마다 반대표를 던졌다. 성명이 나오기는 했지만 표현이 축소됐다. 예를 들어 아프간 사태와 관련한 성명의 경우 '탈레반'이란 표현이 극히 제한적으로 사용되는 등 초안에 비해 수위가 낮아졌다. 중국과 러시아가 표현을 누그러뜨리는 조건으로 반대표 대신 '기권'을 던지는 몽니를 부린 것이다. 상임이사국의 기권은 암묵적 동의로 간주된다.

2021년 3월 미얀마 사태에 대한 성명에도 쿠데타를 일으킨 군부를 직접 겨냥하거나 제재를 경고하는 등의 문구는 들어가 있지 않다. 초안에는 담겼지만 역시 중국의 반대로 삭제됐다고 한다. 이렇게 중국과 러시아가 사상 초유의 분쟁 사태에 대해서도 자국 이기주의에 물들어 거부권을 행사하는 경우는 셀 수 없이 많다.

중국은 '안보리에서 인권 문제를 논의하는 건 적절치 않다'라는 논리를 자주 내세운다. 안보리는 말 그대로 안보 위협에 대한 내용을 다루는 기관이고, 인권은 인권이사회에서 언급하는 것으로도 충분하다는 것이다. 이 때문에 분쟁, 내전 지역의 인권 문제가 안보리에서 대두될 때마다 사사건건 "그게 안보랑 무슨 상관이냐"며 태클을 건다. 최근에는 기후변화, 환경 문제에 대한 안건이 자주 올라오는 편인데, 이에 대해서도 "환경 문제로 국가 사이 분쟁이나 내전이 일어나면 그때는 다룰 수 있겠지만 지금은 아니다"라며 부정적인 입장을 보인다.

실제로 2021년 12월 13일 유엔 안보리에서 최초로 기후변화 관련한 결의안이 상정됐지만 무산됐다. 개별 국가 차원이 아니라 범세계적으로 기후변화에 관한 결의안이 표결에 오른 건 처음이었다. 그만큼 상징적인 이슈였지만 러시아와 인도는 반대표를, 중국은 기권표를 던지면서 제동을 걸었다. 인권 문제는 인권이사회에서 다루라는 것과 같은 맥락으로, 기후변화는 유엔기후변화협약UNFCCC에서 다뤄져야 한다는 주장이었다. 그러면서 결의안이 채택되면 안보리가 주권국가에 개입할 구실을 제공할 것이라는 이유를 들었다고 한다. 도둑이 제발 저린 셈이라는 생각이 드는 건 나뿐일까.

안보리에서는 전통적으로 정치·군사적 사안을 주로 다루어왔다. 때문에 이번 결의안이 채택됐다면 기후 위기가 안보 영역으로 들어왔다는 일종의 신호이자 상징이 됐을 것이다. 영국 《가디언》은 당시 '러시아의 거부로 기후변화를 안보리의 핵심 논제로 삼으려던 수년간의 노력이 무너졌다'라고 평가하기도 했다.

2021년 미국외교협회CFR가 작성한 자료를 보면 러시아의 경우 현재까지 100개 이상의 결의안을 무산시키는 등 거부권을 가장 자주 행사하는 나라로 꼽힌다. 중국의 거부권은 최근 몇 년 사이 증가한 것으로 파악된다. 반면 프랑스와 영국은 1989년부터 거부권을 행사하지 않은 것은 물론, 다른 P5 회원국도 거부권을 덜 사용할 것을 주장해오고 있다. 국격은 땅덩이 크기와 비례하지 않는 듯하다.

지난 5년의 외교사가 다이내믹했던 이유는
사상 최초의 북미 정상회담을 전후한
소동 때문만은 아니었다.
코로나19라는 유례없는 전염병이 전 세계를
공황 상태로 몰아넣은 시기이기도 했다.
우리 정부의 초기 대응은 어땠는지,
북한은 어떤 기상천외한 논리로
국경을 꼭꼭 걸어 잠갔는지,
현장에서 보고 들은 에피소드를 풀어본다.
청와대와 외교부의 알력다툼부터
양날의 검이 된 외교부 장관의 영어 실력까지…….
출입처 기자들의 귀를 쫑긋하게 만든
외교가의 흥미로운 뒷이야기들도 공개한다.
'미라클 작전'이라 불린 아프가니스탄 조력자 탈출기,
30년 전 유엔 가입 당시를 되돌아본
전직 외교관들의 소회 등, 공식적으로
선진국 반열에 오른 대한민국의 달라진
위상에 대해서도 짚어보았다.

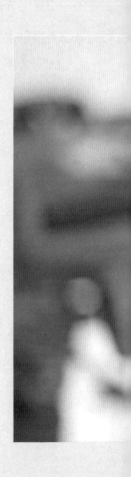

3장

대한민국의
외교 현장 취재기

'코로나19' 속 한국 외교

우한 전세기
007 작전

1월 23일, 중국 우한 봉쇄령이 내려졌다. 중국 우한에 사는 한국 교민이 보내준 사진과 짧은 영상 속 도시는 마치 내가 즐겨보던 재난 영화 속 한 장면을 연상시켰다.

우한 시내에서 공항으로 가는 고가도로는 차량이 줄지어 서 있고, 중국 공안이 차량을 막아섰다. 봉쇄되기 직전, 우한을 빠져나가려는 차들이다. 우한시 기차역도 마찬가지였다. 군인과 공안이 기차역으로 들어가려는 사람들을 제지했다. 지하철엔 승객이 한 사람도 없고, 마트 진열장이 텅텅 비어 있었다. 몇 개 남지도 않은 식품을 사기 위해 줄을 지어 마트에 들어가려는 사람들의 영상도 있었다. 영화보다 더 영화 같은 현실이 놀라웠지만, 이 사진과 영상들을 보내준 한국 교민은 JTBC 뉴스룸과 전화 연결을 하면서 비교적 차분함을 유지했다.

"현재로서는 우한 밖으로 나갈 방법이 없는 것으로 파악되고 있습니다……"

봉쇄령이 내려지고 일주일간 분주하게 움직이던 정부는 우한에 전세기를 보내기로 했다. 한국 교민은 꼼짝없이 발이 묶였기 때문에 정부 도움 없이 자력으로 귀국하는 건 불가능했기 때문이다. 외교부는 전세기 두 대를 30일에 보내겠다고 했다. 그런데 갑자기 당일 전세기 한 대만 가능하다고 말이 바뀌었다. 외교부 관계자는 "중국과 한 대 더 띄우는 걸 협의 중"이라는 말만 반복했다. 기자들은 "아직 협의도 안 됐는데 두 대라고 말씀하신 거예요?"라며 질책 섞인 말투로 물었다. 정부도 마음이 급하긴 급했던 모양이다. 이후에 한마디 내뱉은 관계자. "앞서 나가다 반성하고 있긴 하겠지……." 마음이 다소 앞섰지만 어쨌든 교민들이 순차적으로 전세기를 타고 우한을 빠져나올 수 있었다.

교민들의 움직임은 하나하나가 뉴스가 됐다. 당시 뉴스룸에 영상을 전해주고 전화 연결이 됐던 교민은 공항까지 가는 길을 직접 휴대전화로 촬영해서 보내줬다. 거리엔 차도 사람도 다니지 않아 한산했고, 집결지에 도착하자 한국 사람들이 삼삼오오 모여서 버스를 기다리고 있었다. 그나마 집결지까지 간 사람들은 다행이었다. 우한 외곽에 봉쇄된 지역들이 많아서 공항까지 올 수가 없어 귀국을 포기한 사람들도 있다고 했다.

외교부의 원래 계획은 전세기 두 대에 각각 탑승 인원을 좀 적게

해서 '다이아몬드' 형태로 좌석을 배열하는 거였다. 전부 마스크를 착용한 상태에서 앞, 뒤, 좌우에 좌석을 비운 채 사람들을 태우면 감염률이 좀 더 낮아질 수 있다는 판단에서였다. 하지만 전세기가 한 대밖에 승인이 안 나자 다이아몬드 배열은 더 이상 옵션이 아니었다. 무조건 많이 태워 와야 했다. 중국이 2차 전세기를 또 언제 승인해줄지 모르니……

외교관들은 코로나19 사태를 겪으면서 '이 나라 참 괜찮네', '이 나라는 같이 일하기 어렵네', 이런 식으로 국가를 분류할 수 있게 됐다고 한다. 그런 면에서 중국은 외교관들의 애를 태운 나라 중 하나다. 심지어 주한 중국 대사는 한국말도 유창하고 친화력도 좋다. 하지만 중국 정부의 방침이 서 있는 만큼 대사도 한계가 있는 듯했다.

우한을 다녀온 외교부 긴급 대응팀은 한국에 돌아와서 한동안 자가격리를 했다. 불가피하게 출근해야 하는 상황이면 다른 사람들과 대면 접촉 없이 본인 사무실에 혼자 있었다고 했다. 사실 그동안 기자로서 취재하면서 공무원들이 답답하고 무능하다고 느낄 때가 많았지만 이번 코로나 상황에서 고생한 공무원들에게는 정말 아낌없이 박수를 쳐주고 싶다.

교민 수백 명씩을 데려오는 일이 전화 한 통화로 상대국과 조율할 수 있는 일이 아니란 걸 알았다. 또한 아무리 공무원의 일이라고는 하지만 치명적인 바이러스가 퍼진 나라에 직접 간다는 건 용기가 필요한 일이다. 우한에 전세기를 보낼 때만 해도 현지 총영사는 공석이었기 때문에 현지에선 부총영사와 영사가 모든 걸 조율했는데 그들은 한국에 돌아오고 싶어도 일 때문에 올 수도 없었다.

실제로 우한의 정다운 영사는 교민들을 보낸 뒤 눈물을 펑펑 쏟았다고 한다. 전세기에 9살, 7살짜리 자녀들과 아내를 태워보내고 홀로 남은 그 마음이 오죽했을까. 정 영사와는 전세기 보내는 과정에서 한 5초쯤 통화했다. "저 서울에 JTBC 기자인데요"라고 말하자 "죄송한데, 지금 너무 바빠서. 언론은 부총영사님께 전화해주세요"라고 답하고 끊어버렸다. 짧은 순간이었지만 짜증과 미안함을 동시에 느꼈다. '좀 받아줄 것이지……뭐, 바쁘긴 엄청 바쁘겠지……아…….'

지금 생각하면 미안함이 더 크다. 특히 정 영사는 조원태 대한항공 회장이 전세기에 한 좌석을 차지하고 간 것에 대해서도 비판의 목소리를 냈던 인물이다. 본인 SNS에 썼다가 나중에 사과하기도 했지만. 그런 비판은 정 영사만 했던 건 아니다. 외교부 내에서도 '굳이 조 회장까지 가신다고 하는데……'라고 말했던 사람들이 있다.

우한 이후에도 정부 주도로 보낸 전세기는 일본 크루즈, 이란, 이탈리아 등 네 차례나 된다. 전세기를 띄울 때마다 정부의 고민도 깊었다. 정말 교통편이 없어서 도저히 나올 방법이 없는 곳에 보내는 것이 원칙이긴 했지만, 그럼에도 어디는 보내고 어디는 안 보낸다는 교민들의 볼멘소리가 나올 수밖에 없었으니까. 그런가 하면 국내에서는 '아무리 자비 부담이 원칙이어도 내 세금이 아예 안 들어가는 건 아니지 않냐'라는 비판 여론이 일기도 했다.

떠다니는 배양접시
'일본 크루즈선'에 갇힌 사람들

2월 3일 밤, 3700명이 넘게 탄 일본 크루즈선 '다이아몬드 프린세스호'가 요코하마 항에 정박했다. 이 배에 탔다가 내린 홍콩인 한 명이 이후 확진자로 판명됐고, 배에서 이 한 사람과 접촉했던 이들이 발열, 기침 증상을 보이기 시작하면서 상황은 걷잡을 수 없게 됐다. 매일 매일 확진자 수가 늘어났다. 처음엔 십 단위로 나오더니, 나중엔 수백 명으로 불어났다. 이제는 하루 수만 명의 확진자가 나오는 게 당연한 일상이 되었지만, 코로나19 초기에만 해도 모두가 기억하듯 한두 명의 확진 소식에도 벌벌 떨었다.

상황이 간단치 않음을 느끼고 배에 탄 탑승객을 섭외하기 위해 본격적인 취재에 들어갔다. 요새는 SNS가 워낙 활발히 이루어지다 보니 페이스북과 인스타그램에서 이 배에 탑승하고 있다는 사람들의 흔적을 찾아볼 수 있었다. 몇 명에게 '메시지'를 보냈지만 답이 없었다. 그러다가 한 미국인이 '내 부모님이 이 배에 갇혀 있다'라는 내용의 글을 올린 걸 발견했다. 이 글엔 친절하게도 그 부모님의 SNS 계정도 적혀 있었다. 일단 '메시지'를 보내봤다. 그리고 몇 시간 뒤 답장이 왔다. 전화 인터뷰가 가능하다는 내용이었다.

건강은 괜찮은지, 안부로 대화를 시작했다. 알고 보니 이렇게 섭외된 게이 코터 씨는 퓰리처상 후보에도 올랐던 미국의 유명 작가였다. 남편과 지인들과 함께 크루즈 여행을 왔다가 이런 봉변을 당했다고 했다. 남편은 다큐멘터리 제작자라고 했다. 그래서인지 전화 인터뷰에 임하는 태도도 마치 기자가 뭘 궁금해할지 미리 알고 있는 것 같았다. 국내 언론으로는 처음으로 해당 일본 크루즈선 탑승객의 인터뷰가 시작되었다.

"솔직히 점점 무서워지고 있습니다. 방을 나갈 수도 없고……"

차분한 목소리 뒤로 공포심이 묻어났다. 요코하마 항에 정박하고 3일 후 이루어진 인터뷰였는데, 이때는 이미 모든 승객이 각자의 방에서 나갈 수 없도록 사실상의 '봉쇄령'이 내려진 상태였다. 때문에 승객들은 각자의 방 앞으로 승조원들이 식사를 가져다줄 때까지 기다려야 했고, 그 외엔 방문을 열 일이 없는 상황이었다. 코터 씨는 본인은 그나마 상황이 나은 편이라고 말했다

"안쪽 방에 있는 사람들은 매우 불행해요. 창문이 없어서 고통스러울 겁니다."

그랬다. 여기서도 '돈'이 사람의 '생명줄 길이'를 결정하는 것 같았다. 크루즈를 탄 사람들이라면 돈과 시간이 있는, 비교적 여유로운 사람들이고, 크루즈 여행은 그런 이들이 즐기는 호화 여행이라는 인식이 있지 않은가. 실제 그게 맞다. 그런데 이런 여행을 온 사람 중에서도 돈을 좀 더 낸 사람들은 발코니가 있는 방에서 묵고, 덜 낸 사람들은 창문도 없는 방에서 묵는다. 자본주의 사회에서 어찌 보면 당연한 것인데, 바이러스로 인해 사람들이 '죽고 사는 문제'가 되니까 돈을 더 내서 발코니 있는 방에 묵는 사람들의 생명줄이 조금 더 길어진다는 건 '웃픈 현실'인 거다.

코터 씨와 한창 통화하는 중에 선내 방송 소리가 들렸다. 코터 씨는 나에게 잠시만 같이 들어보자고 했다. 전화기 넘어 일본 선장의 목소리가 비교적 또렷이 들렸다

"정확히 7시까지만 객실에서 나오실 수 있습니다. 안쪽 객실에만 해당됩니다."

코터 씨가 말한 '창문도 없는 안쪽 객실' 말이었다. 발코니가 없어 바깥 공기도 마실 수 없고 간단한 맨손체조를 하기도 어려우니 그들만 따로 갑판에 나와 잠시 운동할 수 있게 한다는 내용이었다. 여러 명이 한꺼번에 움직일 수 없는 상황이다 보니 배 안에서 그룹별로 갑판에 나가게 하기도 쉽지 않은 일 같았다.

코터 씨는 이 크루즈선이 초기 대응에 실패했다는 점을 지적했는

데, 어찌 보면 이 부분이 바다에 떠다니는 '배양접시'가 돼버린 가장 큰 이유라고 생각됐다. 바로 배에서 내린 홍콩인 확진자가 나온 뒤, 최소 48시간 동안 탑승객들이 무방비 상태였다는 점이다.

"첫 홍콩인 확진자가 나오고 난 뒤, 격리나 보호 조치가 이뤄지진 않았습니다. (확진자) 최소 20명이 내 옆자리에 앉았을 수도 있고, (배 안에) 여러 곳을 돌아다녔던 겁니다."

선내에 있는 식당에서 식사도 하고, 극장에서 공연도 볼 수 있었다는 것이다. 내 옆에 앉았던 사람이 확진자였을 수도 있고, 확진자와 같은 공간, 같은 테이블에서 소금, 후추 나눠 먹으며 식사를 즐겼을 수 있다는 얘기다.

더 큰 문제는 바이러스 검사였다. 배에서는 발열 체크를 하는 정도 이외에 제대로 된 검사는 이루어지지 않고 있다는 것이었다. 따라서 증상이 있어도 코로나에 걸린 건지 아닌지조차 알 수 없는 상태였다. 또 코터 씨의 경우 또 다른 걱정은, 다른 곳이 불편해 약을 찾으면 '미국약'은 없고 '일본약'만 주기 때문에 이 약이 뭔지 제대로 알지 못하고 먹어야 하는 불안감도 토로했다. 하지만 뭐니 뭐니 해도 가장 큰 불안은 따로 있었다.

"격리조치가 연장될 수도 있다는 것, 가장 우려스러운 부분입니다. 나가는 날짜를 모른다는 것이……."

첫 통화 이후, 국내 다른 언론사뿐 아니라 CNN 등 해외 여러 언론도 코터 씨를 인터뷰했다. 코터 씨는 두려움 속에서 크루즈 격리를 끝낸 뒤 드디어 미국행 전세기에 올랐고, 그가 보내온 전세기 내부 사진을 보니 모두가 마스크를 쓰고 완전히 녹초가 된 모습이었다. 미국에 도착해서도 격리시설에서 다시 2주 이상 지내야 한다. 그래도 일단 고국으로 돌아간다는 것만으로도 한결 마음이 놓였을 거라 생각된다. 다시는 크루즈 여행을 하고 싶지는 않겠지만…….

한국인들의 이야기도 안 할 수 없다. 한국인 부부는 JTBC의 일본 특파원이 국내 언론으로는 처음으로 인터뷰를 했다. 이 배에 한국인은 9명뿐이었는데, 이들과 연락하는 건 쉽지 않았다. 특히 일본 크루즈선이기에 인터뷰에 쉽게 나설 수도 없는 입장이었을 것이다. 어쨌든 일본 특파원이 어렵사리 처음으로 한국인 부부의 전화 인터뷰를 성사시켰다. 한국 사람이긴 했지만 재일교포였다. 한국인 60대 여성 A씨의 인터뷰 중 가장 기억에 남는 건 이 부분이다.

"보내주신 김치 받아가지고 어제는 500그램짜리를 한꺼번에 둘이 다 먹었어요. 신라면하고 김치하고 빵 한 개씩 하고 어제는 그렇게 먹고 둘이 너무 좋아가지고 웃으면서…… 어제는 진짜 제일 기분 좋은 하루가 됐어요."

신라면과 김치와 빵에 하루가 너무 즐거웠다는 A씨의 인터뷰는 왠지 모르게 찡했다. 물론 일각에선 '왜 놀러 갔냐, 일본 크루즈선을 왜 탄 거냐' 이런 비판들도 꽤 있었다. 하지만 그러한 전후 사정 등을 넘어, 바이러스로 인해 아무것도 할 수 없고 먹는 것조차 마음대로 못 하는 상황 자체는 안타까울 수밖에 없었다. 바이러스 앞에서는 모두 가 무력해지는…… 그러한 순간이었다.

입국 제한 100개국 넘자
'한국 대응 홍보해라'

2월 한 달은 한국으로서는 '잔인한 달'이었다. 하루에 수십 명, 수백 명의 코로나19 확진자가 쏟아져 나왔기 때문이다. 그러자 다른 국가들은 한국발 입국자들을 막기 시작했다. 이름조차 낯선 작은 나라들까지도 그랬다. 사실상 미국을 제외하고는 한국을 막지 않은 나라는 없었다. 입국이 허락되었다 해도 현지에서 2주간 격리돼 있어야 하는 등의 제약이 걸려 있었기 때문에 사실상 갈 수 있는 나라가 없게 된 것이다.

내가 간간이 즐겨본 JTBC의 프로그램에 배우 안재홍과 강하늘, 옹성우가 아르헨티나를 여행하는 〈트래블러〉가 있었다. 파타고니아, 이구아수 폭포 등 대자연을 보면서 느끼는 '힐링'은 그야말로 대리만족이다. 특히나 코로나19 사태 이후에는 세계지도를 펼쳐봐도 갈 수 있는 나라가 없으니, 그림의 떡이지만 '여행 프로그램'에 나도 모르게 자꾸 눈이 갔다.

사실 기자 생활하면서는 긴 여행을 계획할 수 없지만, 열심히 돈 모아서 가까운 동남아 국가라도 5~6일 휴가차 다녀오면 그동안 받았던 스트레스가 한방에 풀리기도 했다. 이번에도 2월에 휴가를 잡아놓고 가족과 휴양지에 다녀올 계획이었다. 나 같은 계획을 세운 이들이 한둘은 아니었을 거다. 이런 휴가 계획이야 미루면 그만이지만, 가족과 떨어져 있다 한국에 들어와야 한다거나 사업차 외국을 꼭 나가야 하는 사람들의 심정은 어찌 다 헤아릴 수 있을까……

대부분의 외교부 기자들도 나와 비슷한 걱정을 한 것 같다. 그래서 출근하자마자 점검해보는 필수 업무 중 하나가 바로 '오늘 한국발 입국 제한을 건 국가는 몇 곳'인지를 세는 것이었다. '외교부 여행경보' 웹사이트는 한국인 입국이 금지된 국가가 어딘지를 보여줬다.

그런데 사실 초창기 외교부의 대응은 매우 황당했다. 우선 오늘 추가된 곳이 어디인지를 전날 사이트와 비교하지 않는 이상 알기가 어려웠다. '월리를 찾아라'도 아니고…… 그뿐만이 아니었다. 외교부 기준에 안 맞는다는 이유로 사이트에 한국발 입국을 제한시킨 국가들을 제대로 반영하지 않아서 실제 국민들이 해외에 나갔다가 피해를 보는 사례도 꽤 있었다. 그런가 하면 정부가 통보를 못 받아서 반영 못 하는 예도 있었다.

아프리카의 작은 섬 모리셔스는 우리 정부와 협의 없이 한국인 입국을 금지해버린 경우다. 한국에서 신혼부부 17쌍이 모리셔스에 갔다가 봉변을 당했다. 신혼여행이야말로 인생에서 단 한 번뿐인 만큼 신혼부부들은 아마도 에메랄드빛 해변가에서 사랑하는 사람과 행복한 시간을 보내는 달콤한 꿈에 젖어 비행기에 올랐을 거다. 그러나 도착 후 이들이 지내야 할 곳은 격리시설이었다. JTBC와 연락이 닿은 한 신혼여행객은 도착 직후 'South Korea'라고 하니 어디인가로 설명도 없이 데려갔다고 했다. 그렇게 도착한 곳은 야전침대 같은 게 여러 개 놓여있는 격리시설. 외진 곳에 있는 '청소년 수련원'이었는데 시설이 좋을 리 없었다. 한 방에 8명씩 나눠서 자야 했고, 수건도 두 명이 한 장을 써야 했다. 여권은 다 압수해갔다. 그렇게 꿈에 그리던 신혼여행은 악몽이 되어버렸다.

한국 정부로부터 아무런 공지도 못 받고 해외에 나갔다가 낭패를 본 경우는 계속됐다. 한국발 입국 제한을 건 국가도 100개국이 훌쩍 넘어가고 우리 정부와 협의도 없이 한국인을 금지하는 경우도 나오다 보니 주무 부처인 외교부는 적지 아니 당황한 것 같았다.

외교부의 대응이 표면적으로 확 바뀐 기점은 2월 26일이다. 조세영 외교부 당시 1차관이 JTBC 뉴스룸에 출연한 날이다. 한국발 입국 제한이 계속 늘어나고 있는 시점에 처음으로 외교부 고위급 인사가 출연한 것이다. 사실 출연 섭외도 쉽지는 않았다. 오전까지만 해도 조 차관의 출연 여부는 불투명했고, 외교부 내에서도 어렵다는 쪽에 더 무게를 두는 듯했다. 그런데 갑자기 오후에 출연이 가능하다는 답이 왔다.

그렇게 우여곡절 끝에 출연한 조 차관은 방송에서 왜 입국 제한이 계속 늘고 있는지, 각국 정부는 왜 우리나라에 입국 제한을 하지 말아야 하는지 등을 논리적으로 잘 풀어서 설명했다. 내 기준에서 보면 이 출연을 기점으로 외교부가 홍보에 적극적으로 나서기 시작했다고 본다. 차관이 직접 기자들과 만나 설명하는 시간도 많아졌고, 기자들이 궁금한 부분도 즉각 해소해줬다. 대사관 사람들도 불러서 설명회도 했다. 우리 정부의 대응 방식이 뭔지, 확진자가 늘고는 있지만 왜 불안해할 필요가 없는지, 장관과 차관이 적극 설명에 나섰다. 설명회에 참석한 해외 공관 관계자들은 모두 마스크를 끼고 외교부 청사에 들어와 체온을 재고 회의실로 향했다. 코로나19가 한창인 상황이었으므로 각국 대사관 사람들이 모이는 자리에 가는 게 불안할 법도 했을 텐데 참석률이 굉장히 높았다. 모두 본국에 보고가 필요했기 때문이었을 것이다. 장관과 차관이 설명할 때 다들 열심히 받아적는 모습이 참으로 인상적이었다.

정부는 왜 갑자기 이렇게 홍보에 나서기 시작한 걸까. 외교가에선 한동안 청와대에서 지시가 내려왔기 때문이라는 소문이 돌았다. 그보다는 좀 더 구체적인 이야기를 한 관계자로부터 사석에서 들을 수 있었다.

"사실 총리 주재 회의 때 직접적인 주문이 있었어. 해외에서 계속 우리나라 사람들의 입국을 금지하고 있는데 외교부는 왜 우리 정부의 정책을 제대로 설명 안 하느냐고……."

공개적인 회의에서 총리의 질책성(?) 발언이 있고 난 이후 우리 정부의 논리를 외국에 직접적으로 설명하기 시작한 거다. 정부의 논리는 이러했다. 다른 나라보다 상대적으로 코로나19 검사를 더 많이, 빨리하고 있다는 것을 강조하는 것. 검사 수가 많기 때문에 확진자 수도 다른 나라보다 많을 수밖에 없다는 논리다. 이것은 실제로 단지 설명을 위한 논리가 아니라 팩트였다. 당시는 외교부 관계자들도 설명은 하면서도 반신반의했고, 그러니 설명을 듣는 대사관 관계자들은 더 믿기 어려웠을 것이다. 그런데 시간이 꽤 지난 지금에 와서 보면 그 설명이 정확했음을 알 수 있다.

'홍보는 하지만'······
보건복지부가 대사관 관계자들을 만나길 꺼렸던 이유

한국 정부는 이번 코로나 국면에서 그 어떤 국가보다 모범적인 모습을 보였다. 나의 주관적인 생각이 아닌, 실제 코로나19 확진자 추이 숫자가 객관적으로 보여줬다. 그런데 알고 보니 이런 우리 정부의 정책이 처음부터 계획된 건 아니었다.

정부의 한 고위 관계자와 만났다. 코로나19가 우리나라에서는 얼마간 잡혀가는 걸로 보였던 시기인 2020년 4월이었다. 관계자는 내가 전혀 예상치 못한 이야기를 꺼냈다. 해외 대사관 관계자들을 한자리에 불러놓고 '한국발 입국자에 대해 입국 제한을 하지 말아달라'고 이야기한 설명회에 관한 내용이다. 그는 "사실 그때 보건복지부에서 누가 한 사람 참석해달라고 말했는데 계속해서 거절하더라"라고 말했다. 나는 "일이 너무 많아서 거절했던 것 아닌가요?"라고 물었다. "그게 복지부에서 직접적으로 댄 이유였지요"라고 말했다. 하지만 그게 진짜 이유는 아니었다.

"사실 우리 정부가 추구하는 모델은 지금까지 어디에도 나온 게 아니었어요. 전염병을 가라앉히는 데 있어서 우리나라와 같은 모델을 쓴 곳은 없었습니다."

복지부 관계자가 오기를 꺼렸던 이유도 바로 거기에 있었다. 복지부 관계자는 이렇게 말했다고 한다.

"아무리 대사관 관계자들이 모이는 자리라지만 거기에 전염병 관련 전문가가 있으면 어떡하지요. 사실 우리 정부 모델이 어디서도 실행해본 것이 아니어서, 혹시라도 이게 전문가들이 들었을 때 말이 안 된다고 할 수도 있지 않겠어요?"

그러니까 정부 입장에서도 이 모델이 성공할 수 있다고 자신하진 못했던 거다.

실제《파이낸셜 타임즈》에서는 한국 정부가 추구한 모델을 소개하며 한 사례를 소개했다. 이탈리아 북부의 한 작은 마을. 3천 명이 사는 이 마을에선 코로나19 검사를 선제적으로 했다고 한다. 마을 사람들이 모두 코로나19 검사를 받았고, 그중에서 일부 양성 판정을 받은 사람은 격리하고, 열흘 뒤에 또 검사해서 양성 판정을 받은 사람은 격리하는 방식을 택했다는 거다. 5천만 국민인 대한민국이 똑같이 따라 하기엔 역부족이지만 방식 자체는 비슷한 것이었다. 실제 이탈리아 북부의 이 마을은 이탈리아 다른 지역에 비해 확진자가 훨씬 적었다고 한다.

우리 정부가 추구한 정책은 3T, 즉 Test(진단), Trace(역학조사), Treat(환자관리)였다. 이 정책이 실제 효과가 있을 거라고 생각한 사람은 몇 없었다. 복지부 관계자는 주위의 격려에 자신감을 얻고 각국 대사관 사람들에게 이렇게 말했다고 한다.

"신천지에 대한 검사가 끝나면 코로나19 그래프가 확 내려갈 겁니다."

신천지라는 집단이 이번 코로나19 국면에서 한국의 확진자 수를 급속히 높인 건 맞지만, 신천지 집단검사가 다 끝난 이후의 상황 역시 쉽게 예단할 수 없는 상황이었다. 복지부 관계자는 본인도 불확실했지만, 일단은 자신감을 갖고 말한 거라고 했다. 다행히도 이 정책은 당시 맞아떨어졌다. 하지만 그 말을 하고 나서도 가슴을 쓸어내렸다고 한다. '만약에 이대로 안 되면 어쩌지……'라는 불안과 걱정 때문이다.

"바닷물도 막고 날아오는 건 다 쏴라"

북한의 코로나19 외교

북한의 코로나19 상황은 외교 안보 기자들의 가장 큰 관심사 중 하나다. 해외 토픽에도 자주 오른다. 팬데믹 2년이 넘도록 세계에서 유일하게 확진자가 0명이라고 주장했던 곳, 백신을 단 한 명도 접종하지 않은 나라이기 때문이다.

북한은 2021년 1월 말부터 중국·러시아 등 국경을 접한 나라와의 모든 차량, 기차, 항공편을 차단했다. 그러다 보니 자연스레 외교도 단절됐다. 국경 개방 여부에 따라 미국과의 북핵 협상에도 물꼬가 트일 수 있어 기자들은 북중 접경지에서 벌어지는 사소한 일에도 촉각을 곤두세운다. 기자들이 정부 당국자나 대북 소식통에게 단골로 물어보는 질문들을 추려보면 대략 이런 것들이다.

:: 북한이 고립을 자처하면서까지
   국경을 봉쇄하는 이유는 무엇인가요?

북한의 '코로나19 포비아'는 상상을 뛰어넘는 수준이다. 북한 매체인 《노동신문》과 '조선중앙TV'는 코로나19에 대한 터무니없는 정보들을 그야말로 '살포'하고 있다. '겨울철 내리는 눈을 통해서도 악성 비루스(바이러스)가 유입될 수 있다(《노동신문》 2021년 11월 4일)'는 주장은 그나마 이성적으로 보일 정도다. 북한 매체는 날아가는 철새, 중국에서 불어오는 황사, 바닷물을 통해서도 바이러스가 전파될 수 있다고 주장한다.

이런 극도의 예민함은 비상식적 정책으로 이어져 결국 주민들을 굶주리게 한다. 국정원은 지난해 11월 27일 국회 정보위 보고에서 "북한이 바닷물이 오염되는 걸 우려해 물고기잡이와 소금 생산도 중단했다"라고 밝혔다.

선박을 통한 교역이 일부 이뤄지고 있지만 들여온 물건들을 40일 동안 국경 방역소에 보관하는 게 원칙이라고 한다. 방역소라고 해봤자 열악하고 조악한 가건물 정도의 야적장이다 보니 식품류는 모두 썩어버린다. 중국에서 보낸 식량과 인도주의 단체들이 보낸 구호물품이 무한정 방치된 경우도 있다. 누군가를 살리거나 도울 수 있는 소중한 자원인데 말이다.

북한의 코로나 포비아는 주변국과의 정치적 관계에도 영향을 준다. 2020년 9월, 북한 군인들이 바다를 헤엄쳐 북측으로 향하는 한국 공무원을 끔찍하게 살해한 사건이 발생했다. 서해상에서 그대로 총을 쏘고 불태운 것이다. 이런 극악한 조치의 배경엔 '국경을 넘어오는 건 무조건 쏘고 죽여라'는 명령이 있었기 때문이다. 단순한 국경 수비의 차원을 넘어, 바이러스에 대해 이해하기 어려운 공포가 작용했다는 얘기다. 물론 이게 잔혹한 행위에 대한 변명이 되는 건 절대 아니다.

비슷한 사례가 또 있다. 2021년 5월, 한 대북 소식통은 "북한이 군사분계선 인근의 고사포를 전진 배치했다"라고 귀띔했다. 북한이 남북 합의를 어기는 무리수를 두면서까지 물리적 행동에 돌입한 표면적 이유는 탈북민 단체의 대북 전단 살포에 대한 대응이었다. 하지만 역시 그 이면엔 전단을 통해 바이러스가 들어올 수 있다는 두려움이 있었다고 한다. 실제로 당시 《노동신문》은 아래와 같은 기사를 냈다. 여기서 말하는 '바람에 의하여 날려가는 이상한 물건'은 대북 전단을 지칭하는 것으로 분석된다.

'비가 오거나 황사현상을 대하여도, 철새들이 유동하고 바람에 의하여 이상한 물건이 날려가는 것을 목격하였을 때에도 이것을 순수 자연현상으로가 아니라 악성 비루스가 유입될 수 있는 하나의 공간으로 간주하고 국가적으로 시달된 방역규정의 요구대로 사고하고 움직이는 것이 최대로 각성된 공민의 본분이고 의무'

이런 불가사의한 공포심은 어디서 비롯된 것일까. 왜 북한 매체는 과장된 정보로 주민들을 통제하는 것일까. 전문가들은 김정은 위원장에게 전염병의 창궐은 체제 유지를 위협할 만큼 중대한 일이기 때문이라고 설명한다. 선진국에서 코로나19와 사투를 벌이는 이유는 의료 시스템 붕괴로 인한 사망자 증가를 막기 위해서지만, 북한 김정은 일가에겐 더 큰 명분이 있는 것이다. 북한에는 '의료 시스템'이라고 할 만한 인프라가 부족한 것도 현실이다.

:: 그럼 언제 국경을 여나요?

사정을 잘 아는 정부 당국자는 이런 북한의 극단적 정책을 "자해 수준으로 봐야 한다"라고 꼬집었다. 교역이 극단적으로 줄면서 식량난과 생필품이 크게 부족해질 것이라는 얘기다.

북한도 나름대로 타개책을 찾고 있다. 북한은 2021년 초부터 평안북도 신의주에 있는 공군 기지를 대형 방역장으로 개조하는 작업을 해왔다. 훈증 장비를 갖춘 방역 시설을 세우고 철로를 연결해 철도 교역부터 재개하겠다는 심산이었다. 김 위원장의 야심에 찬 작전이었지만 계획은 번번이 실패했다.

김일성 주석의 생일인 태양절(4월 15일)에 맞춰 국경을 개방하겠다는 첫 번째 목표는 군 고위급 간부들의 태만으로 무산된 걸로 알려진다. 김 위원장은 방역장이 제때 완성되지 못한 책임을 물어 당시 군 서열 1위인 이병철 부위원장을 문책했다.

결국 공사는 8월쯤 완전히 끝났지만, 여전히 철도 교역은 재개되지 못한 상황이다. 몇 차례 기회를 엿본 끝에 북한은 2021년 11월부터 문을 열기로 마음먹었지만 예상치 못한 오미크론 파동이 덮쳤다. 11월경 중국 기차가 북중 국경을 잇는 철교를 오가는 모습까지 목격돼 통일부에서도 "철도 교역을 준비하고 있는 걸로 보인다"라고 평가했으나 아직까지(2022년 5월) 전면 재개했다는 소식은 들리지 않는다.

:: 김정은 위원장은 백신을 맞았나요?

이 부분을 명확히 알 수 있는 사람은 대한민국에 거의 없을 것이다. 국정원장 정도는 알고 있지 않을까? 물론 그도 확답을 피했다. 개인적으로 궁금했던 부분이라 정부 당국자, 전문가들을 만날 때마다 물어보곤 했는데 거의 반반으로 의견이 갈렸다.

김 위원장이 백신을 맞았을 것이라고 보는 측에서는 북한이 국경 봉쇄 상황에서도 백신을 구하는 건 어려운 일이 아니라는 점을 근거를 든다. 외교관들 사이에 생필품이나 소지품을 주고받는 '외교 행낭'

은 오가고 있다는 것이다. 그동안 이 행낭을 통해 암암리에 여러 가지 물품들이 전달되곤 했단다. 물론 백신을 이런 식으로 '배달'하지는 않겠지만, 해외 백신을 소량 북한으로 유입하는 것 정도는 가능하다는 뜻이다. 또 김정은 위원장 본인이 코로나19에 대한 불안감이 심한 만큼 미리 맞았을 것이란 예측도 나온다.

다른 쪽에선 기저질환이 있는 김정은이 가뜩이나 불신이 높은 코로나19 백신을 맞았을 리 없을 것이라고 관측한다. '최고 존엄'의 몸뚱이에 그런 실험을 할 리가 없다는 거다. 게다가 북한은 이 와중에도 코백스COVAX가 제공하는 아스트라제네카는 받지 않고 있다. 코백스는 북한을 지원 대상 국가 리스트에 올려놓고 상당량의 백신을 배정했지만, 북측이 필요한 서류를 보내지 않았다고 한다. 코백스는 지원된 백신이 제대로 쓰였는지 확인하기 위해 인구통계, 의료 인프라 등의 정보를 제출하도록 요구한다. 북한이 한 번도 스스로 공개한 적 없는 정보들이다. 게다가 모니터링 요원이 북한에 방문해야 하는 조건도 북한 입장에선 받아들일 수 없을 것이다. 북한은 중국이 준다는 시노팜도 '더 어려운 나라에 돌아가길 바란다'라며 거절했다. 대놓고 말하지는 않지만 만일 백신을 지원받는다면 화이자 혹은 모더나이길 바라는 것으로 보인다. 하지만 화이자와 모더나도 부작용 논란이 적지 않으니 그 누구도 아닌 김정은이 미리 맞지는 않았을 것이란 얘기다.

:: 진짜 확진자가 0명인가요?

세계보건기구WHO는 매주 각 나라의 코로나19 확진 상황을 전달받아 보고서를 낸다. 여기에 북한 보건성이 제출한 내역도 나온다. 북한은 매번 확진자가 '0명'이라고 보고해왔다. 정말 그럴까. 전문가들은 '초기에는 수십 명 규모의 확진자가 나왔을 가능성이 있지만, 대규모 감염은 없어 보인다'라고 입을 모았다.

그 이유는 이렇다. 첫째, 확진자가 발생했다면 우리나라의 군, 혹은 동에 해당하는 단위 지역을 완전히 봉쇄할 것이고 그 사실은 외부로 알려질 수밖에 없는데 적어도 2022년 초까지 그런 동향이 없다는 것. 둘째, 2020년~2021년 사이 평양으로 수천 명이 몰리는 대규모 행사를 여러 번 치렀는데 그때마다 마스크를 쓰지 않은 인파의 모습이 여러 차례 공개됐다는 점.

하지만 앞서 말했듯이 북한은 자멸 수준의 국경 봉쇄를 계속할 수 없을 것이다. 고립을 전제로 한 '확진자 0명'은 빛 좋은 개살구임이 드러나는 건 시간문제일 테니. 아니나 다를까, 2022년 5월 12일, 북한은 오미크론 변이 바이러스 감염자가 발생했다고 공식 발표했다. 그것도 평양에서. 2020년 1월 국경을 폐쇄한 이후 북한이 직접 코로나19 확진자 발생 사실을 공개하고 인정한 것은 이번이 처음이다.

김정은 위원장은 '최중대 비상사건'이라며 새벽부터 회의를 소집

했다. 김정은이 마스크를 쓴 모습도 처음으로 공개됐다. 이때까지 김정은은 공개 석상에서 단 한 번도 마스크를 쓰지 않았다. 김정은 주변에 앉은 고위 간부들도 '노 마스크'였다. 반면 멀리 떨어진 일반 참석자들은 모두 마스크를 썼다. 북한 스스로 확진자가 한 명도 없다고 주장하면서 '최고 존엄'이 마스크를 쓰는 건 이율배반적으로 보일 것을 염두에 둔 조치로 분석됐다. 최고 존엄 앞에서 입을 가리는 행위는 예의에 어긋나기 때문에 김정은과 직접 대화를 나누는 간부들 역시 마스크를 쓰지 않는 것이라는 해석도 있었다.

그런데 이렇게 북한이 나서서 확진자를 공개하고, 김정은의 '노 마스크' 원칙도 포기한 이면에는 어떤 속셈이 있을지 궁금해진다. 방역 수칙의 변화는 물론 코로나19와 맞물린 대외 정책 기조도 바뀌는 것은 아닌지, 그동안 거부해온 백신이나 치료제를 뒤늦게 원하는 것인지…… 일단 수도 평양에서 사태가 발생한 만큼, 북한도 숨겨서만 될 일은 아니라고 판단한 것으로 보인다.

초반에는 봉쇄와 방역으로 확진자 발생을 숨기려 했으나 전파 속도가 심상치 않자 전면 공개를 결심한 것일 수도 있겠다. 국제사회의 지원을 원하고 있다는 분석도 나온다. 우리 정부가 이와 관련해 인도적 지원을 할 가능성도 있을지, 그럴 경우 한반도 정세에는 어떤 영향을 미칠지도 주목할 부분이다.

청와대 주도권 싸움

남·북·미 사안
결정 권한을 가진 단 3명

청와대를 출입하며 느낀 것 중 하나는 대통령 역할의 7할은 외교 문제라는 것이다. 여론은 국내 문제에 매우 민감하게 움직이지만, 실제 청와대에서 공을 들이는 사안은 외교 사안들이다. 특히 임기 초반에는 더더욱 그랬던 것 같다. 청와대가 외교 문제를 주도하는 건 어찌 보면 당연한 일인지도 모른다. 주요 외교 사안은 정상이 직접 나서야 해결될 수 있기 때문이다.

문재인 정부 임기 초반, 가장 큰 관심 사안은 당연히 남·북·미 문제였다. 이 사안은 문 대통령이 직접 자주 챙겼기 때문에 여러 명이 협의를 하기보단 청와대에서 핵심 3명이 배석자 없이 모여 논의하는 경우가 많았다. 당시의 핵심 인사들은 문 대통령을 포함해 임종석 전 비서실장과 정의용 외교부장관(당시 안보실장)이다. 필요할 경우, 당시 국정원장이던 서훈 안보실장과 조명균 전 통일부장관이 청와대로 들어와 5명이 모여 회의하는 경우도 종종 있었다고 한다.

문 대통령이 사안을 직접 챙겼다는 걸 알 수 있는 사례 중 하나가 2018년 3월에 열렸던 남북 정상회담 준비위원회 2차 회의다. 당시 문 대통령은 처음으로 남·북·미 회담 가능성을 언급했다.

"남북 정상회담에 이어서 열릴 북미 정상회담은 회담 자체가 세계 사적인 일입니다. 진전 상황에 따라서는 남·북·미 3국 정상회담으로 이어질 수도 있을 것입니다. 이번 회담과 앞으로 이어질 회담을 통해 우리는 한반도 핵과 평화 문제를 완전히 끝내야 합니다."

당시는 남·북·미 회담에 대해 누구도 가능할 것으로 생각하지 못했을 때인데 문 대통령이 회의 모두발언에서 공개적으로 이를 언급한 거다. 이는 여러 참모와 미리 논의한 사안이 아닌, 문 대통령이 모두발언에 직접 넣은 것이라고 했다. 한 관계자는 "두 가지 추측인데, 문 대통령 등 극소수만 많은 정보를 받는 만큼 '남·북·미 회담' 가능성 관련 진척사항을 먼저 보고받은 뒤 판단해서 포함시킨 것일 수 있고, 혹은 문 대통령이 '남·북·미' 얘기를 선제적으로 꺼내서 추후 성사될 수 있도록 분위기를 조성하는 차원이었을 수 있다"라고 설명했다. 사실 외교적으로 어떤 큰 결정을 해야 할 땐, 많은 사람이 함께 논의하는 것보다는 리더의 빠른 결정이 더 중요할 때가 있다. 당시엔 그러한 판단이었을 것으로 보인다.

'공'은 청와대가
'과'는 부처가

청와대가 외교 사안에 대한 결정권을 가지고 있는 구조이다 보니 부처들은 불만이 많을 수밖에 없었다. 때로는 좀 과하다 싶을 정도로 부처에 재량권을 주지 않은 것처럼 보이기도 했다.

2020년 3월, 청와대는 "문재인 대통령은 지난 5일 모하메드 빈자이드 알 나흐얀 UAE 왕세제와 정상통화에서 코로나19와 관련한 양국 간 협력방안을 논의했다. 정상통화 이후 UAE는 긴급하게 코로나 진단키트 구매를 외교채널을 통해 요청해왔고, 외교부가 물품 생산업체를 찾아 지난 주말 진단키트 5만 1000개를 긴급수출했다"라고 밝혔다. 그리고 덧붙이기를, "이번 진단키트의 첫 수출은 코로나19와 관련한 국제공조의 일환"이라며 UAE에 진단키트를 팔았다고 자랑했다. 하지만 잠시 뒤 청와대는 '진단키트'가 아니라 '검체 수송배지'라고 정정했다. 수송배지는 코나 목에서 채취한 분비물을 담아 온전한 상태로 전문기관으로 옮기기 위한 수송 용기를 말한다.

이러한 공식 발표가 있기 전, 청와대가 발표할 내용을 인지한 외교부는 '진단키트'를 '진단키트 관련 물품'이라고 수정해야 한다는 점을 전달하려고 했다. 외교부는 '잠시만 기다려달라'고 했으나 성과 자랑에 급급한 청와대가 성급하게 잘못된 내용을 발표해버린 거다. 사실 이 진단키트 관련 물품을 수출할 업체를 찾아낸 건 외교부 소속의 직원이었다. UAE에서 관련 요구가 있다고 하자 실무를 담당하던 외교부 직원이 업체들을 일일이 찾아보고 섭외한 것이다. 하지만 청와대 발표에서 외교부의 '공'은 전혀 찾아볼 수 없었다.

심지어 보도자료 하나 내는 것조차 청와대의 확인이 선행돼야 했다. 코로나19 관련해서 일본이 '한국발 입국 제한' 조치를 발표한 바 있다. 당시 이 같은 조치가 이뤄지자 외교부가 낸 보도자료에는 '방역 외 다른 의도가 의심된다'라는 문구가 있었다. 다른 국가를 상대로 한 보도자료에 이 같은 문구를 집어넣은 건 꽤나 강력한 조치였다. 외교부에서 낸 보도자료였지만 해당 문구는 청와대에서 직접 지시한 거라고 했다. 외교부 관계자들은 "청와대는 일본에 대응할 때는 다른 사안보다 더 강하게 반응한다"라며 우려 섞인 목소리를 냈다. 일본이 취한 조치가 부당한 경우 강하게 목소리를 내는 게 맞지만, 다른 나라와 똑같이 행동했더라도 일본이라서 더 감정적으로 반응한다는 지적이 외교관들 사이에서 나왔다. 이는 청와대가 국내 여론을 강하게 의식했기 때문으로 해석할 수밖에 없다.

'한일군사정보보호협정(지소미아)' 결정 과정에서도 외교부가 배제됐다는 비판이 나왔다. 지소미아 종료 결정이 났던 2019년 8월 22일 상황이 생생히 기억난다. 외교부 출입 기자로서 유관 부처들의 분위기를 파악해보니 그래도 유지하는 게 낫겠다는 기류가 있었다. 한미 관계도 고려해야 하지 않겠냐는 이유였다. 그런데 그날 오후 갑자기 청와대가 종료를 결정했다. 당시 강경화 장관은 한·중·일 외교장관 회의차 중국 베이징에 갔다가 귀국하는 비행기에 있던 상황이었다. 강 장관은 22일 오전 국가안전보장회의가 열렸지만 참석하지도 못했다. 주무 부처 장관이 의사 결정 과정에 참여하지 못한 상태에서 '지소미아 종료'라는 큰 결정이 내려진 것이다.

당시 강 장관이 비행기를 타기 직전 열었던 기자회견에서도 지소미아 관련 질문이 당연히 최고의 이슈였는데 강 장관은 몇 시간 후 이런 결정이 날 거란 사실을 인지하지 못한 것 같았다. 실제 강 장관은 비행기에서 내린 직후 이 결정을 전해 들은 것으로 알려졌다. 강 장관은 그해 국정감사에서 '외교부 패싱' 논란에 대해 "외교부는 외교부의 할 일을 다 하고 있다"라고 반박했다. 물론 외교부 관료들은 각자의 자리에서 최선을 다했을 것이다. 하지만 외부에서 보기엔 청와대의 독단, 주무 부처에 대한 예의 실종으로 비친 게 사실이다.

2021년 5월, 한미 미사일 지침이 종료됐을 때도 외교부 직원들은 쓴웃음을 삼켰다고 한다. 문재인 정부는 미사일 지침 종료를 한미 정상회담의 핵심 성과로 내세우며 강하게 의미를 부여했다. 특히 김현종 국가안보실 2차장은 페이스북을 통해 '아무도 흔들 수 없는 나라의 토대가 될 것'이라며 박정희 전 대통령의 고속도로 건설, 김대중 전 대통령의 초고속 인터넷망 구축에 빗대며 성과를 부각시켰다. 틀린 얘기는 아니지만 사실상 외교부 직원들의 오랜 물밑 작업과 고군분투가 한 사람만을 빛나게 하는 데 쓰인 것 아니냐는 볼멘소리가 나왔다.

김현종 vs. 강경화

영어 싸움의 진실

청와대와 부처 간 주도권 경쟁은 각 기관 관계자들의 개인감정으로부터 나오기도 한다.

문재인 정부 국가안보실 제2차장을 지낸 김현종 대통령 외교안보특별보좌관은 저돌적인 그만의 스타일로 유명하다. 부하직원들이 일을 제대로 못 하면 소리를 치며 따끔하게 혼을 낸다. 상급자에게도 할말을 다 한다. 이 같은 그의 스타일은 호불호가 갈린다. 공격적인 성격 때문에 조직에서 불만의 목소리도 터져 나왔다. 국가안보실 2차장시절 유명한 일화 중 하나는 강경화 전 외교부 장관과의 언쟁일 것이다.

2019년 4월, 문재인 대통령의 중앙아시아 3국 순방 때 김 차장이 외교부 직원을 불러다 혼을 냈다. 외교부에서 작성한 문건에 맞춤법 등의 오류가 발견됐기 때문이었다. 외교부 직원을 호출해 질책한 김 차장에게 강경화 장관은 "우리 직원들에게 소리치지 말라"라는 취지로 목소리를 높인 것으로 전해졌다. 이에 김 차장은 영어로 "It's my style(이게 내 방식이다)"이라며 맞받아쳤다고 한다. 당시 이 장면을 목격한 사람은 많지 않지만 이를 전해 들은 관계자는 "두 분이 영어로 싸우시더라"라고 전했다. 김 차장이 영어로 시작하자 강 장관도 영어로 맞받아치며 언쟁을 벌였다는 것이다. 이 사건을 계기로 외교부 내에서 강 장관에 대한 신임은 오히려 두터워졌다. 강 장관 임기 초반에는 '리더십이 약한 것 같다', '청와대에 휘둘린다' 등의 불만들이 나왔는데 김 차장과의 언쟁 이후 외교부 직원들을 만나보면 "그래도 장관이 자기 식구들 챙겨주려고 한 것 아니냐, 든든하다는 생각들을 한다"라고 했다.

김 차장과 강 장관의 불화설은 이뿐만이 아니다. 2019년 미국 뉴욕에서 유엔총회 기간에 의전 실수를 한 외교부 직원의 무릎을 꿇렸다는 보도도 나왔다. 당시 외교부 직원의 실수로 김 차장이 비표를 받지 못해 한국 - 폴란드 정상회담에 배석하지 못했다. 김 차장은 해당 직원의 이런 실수를 지적했고, 이 과정에서 직원이 김 차장 앞에 무릎을 꿇은 것이었다. 김 차장은 강요는 없었다고 했다. 실제 이 보도를 접한 외교부 관계자들도 '해당 직원이 좀 오버한 것 같긴 하다'면서도 '그래도 오죽했으면……'이라는 식으로 말했다. 강 장관은 이 보도가 있고 나서 실국장회의에서 "실수의 경중에 따라 징계도 달라야 한다"

라는 취지로 이야기했던 것으로 전해졌다. 내 새끼가 다른 부모에게 혼나고 온 것처럼, 에둘러서 속상한 심경을 드러낸 것이다.

각종 설화에도 문 대통령이 김현종 차장을 옆에 둔 이유는 외교 관계 등을 다루는 데 있어서 김 차장의 역할이 중요하다고 생각했기 때문이다. 한 정부 관계자는 "김 차장이 오히려 외교부를 자극하는 데 필요하다"라고 말하기도 했다. 강 장관의 부드러운 리더십만으로는 부처를 관리하는 데 한계가 있다는 판단이 깔렸던 것으로 보인다.

:: 양날의 검이 된 강경화 장관의 영어 실력

강경화 장관에게 영어는 외교부 수장 자리까지 이끌어준 고마운 무기인 동시에 각종 구설에 휘말리게도 한 양날의 검이었던 듯하다. 강 장관의 영어 실력이 어느 정도인지 가늠할 수 있는 일례가 있다.

2018년 평양 남북 정상회담 때의 일이다. 평양 공동선언이 나온 9월 19일 당일 오후, 강 장관은 선언문을 영어로 직접 번역했다고 한다. 청와대와 외교부의 공식 번역본은 이틀 뒤에 올라왔다. 그전에 강 장관은 주요 부분을 미리 번역해 해당 과에 전달했다. 당시 당국자는 강 장관이 직접 번역한 줄도 모르고 장관에게 "대략의 번역본이 있다"

라고 보고했다가 "그거 하도 급해서 내가 직접 한 것"이라는 대답을 듣고 놀랐다고 한다.

강 장관은 당시 폼페이오 국무부 장관과 상당히 편하게 소통하는 인물이기도 했다. 폼페이오가 말이 빠른 데다 외교적으로 모호한 의미의 단어를 많이 쓰는데도 강 장관은 맥락을 잘 짚었다고 한다. 그런데 과해도 문제였던 걸까. 외교부 관계자들은 "강 장관이 영어 때문에 불필요한 오해를 많이 샀다"라고 했다.

2018년 10월, 일본 매체는 '폼페이오 장관이 강 장관에게 전화를 걸어 남북 군사 합의에 대해 화를 냈다'라고 보도했다. '욕설에 가까운 말로 불만을 털어놨다'고도 전했다. 사실이라면 명백한 외교적 결례이자 우리로선 큰 수모였다. 다음날 외교부 국정감사에서 강 장관은 폼페이오 장관이 불만을 표시한 건 맞지만 욕설을 한 건 아니라고 못 박았다. 외교부 관계자들은 "폼페이오 장관이 워낙 성격이 급한 데다 강 장관과 허심탄회하게 통화하는 사이다 보니, 전화로 불만을 내비치는 과정에서 모르는 사람이 보기엔 조금 거칠다고 느낄 수 있다. 하지만 외교적 결례는 아니었다"라고 억울함을 토로했다.

미 국무부에서 한국을 담당하는 관계자도 기자에게 "폼페이오 장관과 강경화 장관은 함께 있는 자리를 좋아하고 농담도 주고받는 솔직한 관계다. 문제 있는 대화가 오갔다면 서로 간에 솔직했기 때문"이라고 설명했다. 이 관계자는 "강 장관은 귀중한 파트너다. 폼페이오 장관이 '문재인 대통령에게 어려운 메시지를 전해달라'고 부탁한 적도 있다"고 귀띔했다.

비슷한 시기, 강 장관이 영어를 못한다며 직원들을 질책했다는 보도가 나오기도 했다. 정작 강 장관은 "내가 그런 얘기를 언제 했는지 모르겠다"라고 황당해했다고 한다. 뒷얘기를 들어보니 강 장관이 신입 직원 간담회 자리에서 '영어가 매우 중요하다'고, 나름 조언 수준으로 했는데 마치 질책한 것처럼 보도가 나갔다는 거다. 당시 외교부 관계자는 "일반적인 조언이었는데 마치 잘난 척하면서 혼을 낸 모양새가 됐다"라고 억울해했다. 물론 받아들이는 측에서 질책이라고 느낀다면 문제겠지만 직원들이 이구동성으로 억울함을 토로하니 강 장관이 외교부 내에서 신뢰받고 있다는 느낌이 들었다.

그래서일까, 2018년 12월쯤 강경화 장관은 내부적으로 '외빈 접견할 때 모두발언은 앞으로 한국어로 하겠다'라는 뜻을 전했다고 한다. 영어를 쓰는 것에 대한 비판 여론 때문이기도 했고, 영어로 대화를 나누기 위해 준비하는 과정이 너무 수고롭기 때문이었다고도 한다.

'찐' 선진국을 향한 한 발짝

WTO 사무총장 선거 출마한 한국,
그리고 일본의 방해공작

세계무역기구^{WTO} 사무총장 자리에 우리나라가 후보를 냈을 때 크게 기대한 사람은 별로 없었던 것 같다. 영국, 멕시코, 나이지리아 등 여덟 개의 쟁쟁한 국가들이 후보를 냈기 때문이다. 우리나라 후보였던 유명희 전 통상교섭본부장은 공직생활 30여 년 중 대부분을 통산 분야에 몸담은 인물로 알려져 있다. 나는 유 전 본부장을 직접 만나본 적은 없지만, 그녀를 아는 주변인들은 "그녀 밑에서 일하는 건 힘이 들지만 분명 강단이 있는 사람"이라고 한목소리로 말했다. 유 전 본부장이 WTO 사무총장 선거에 출마했을 때 청와대는 외교부에 "사무총장 선거를 잘 도와주라"고 지시했다고 한다. 유 전 본부장은 산업부 소속이었지만 어쨌든 선거가 외교전이다 보니 외교부에 '특명'이 떨어진 셈이다.

외교전은 간단치 않았다. 그래도 유 전 본부장에게 큰 힘이 됐던 건 미국의 로버트 라이트하이저 전 무역대표부^{USTR} 대표였던 것으로 전해졌다. 선거에서 미국의 영향력은 상당했다. 미국이 지지하는 후보를 다른 나라도 지지하는 경우가 많기 때문이다. 실제 로버트 라이트하이저 대표와 유 전 본부장은 개인적 친분이 있는 것으로 알려졌는데 과거 FTA 협상 때 자주 만나면서 자연스레 친해졌다고 한다. 유 전 본부장이 1차 투표 때 워싱턴에 가서 라이트하이저를 만났을 때도 그는 "8명 후보 중에 유일하게 당신만 만나준 거다"라고 했다는 것이다. 그만큼 친분이 있었다는 말인데, 그렇게 미국이 공개적으로 한국을 지지하면서 크게 기대하지 않았던 WTO 사무총장 자리가 어쩌면 한국 몫이 될 수도 있겠다는 기류로 바뀌나 싶었다. 실제로 한국은 최종 라운드까지 올라가 나이지리아 출신 응고지 오콘조이웨알라 후보와 겨루게 됐다.

하지만 상황은 그리 쉽게 흘러가지만은 않았다. 특히 일본이 우리 발목을 잡았다. 선거에서 최대의 '방해꾼'이던 일본은 유 전 본부장과 경쟁한 나이지리아 출신 후보를 공식적으로 지지했다. 그뿐만 아니라 유럽과 중남미, 아시아 국가들에 유 총장을 지지하지 말아 달라며 '방해 작전'을 펼쳤다. 일본의 논리는 한국이 WTO 수장이 되면 한국과 일본 간 얽혀 있는 '수출규제 소송' 등에서 일본이 불리한 상황에 놓일 수 있고, WTO는 공정성을 의심받는 기구가 될 수 있다는 거였다. 이런 논리에 일부 국가들이 넘어갔고, 또 일부 개도국에는 나이지리아 출신 후보를 지지하는 대가로 일본이 경제적 지원도 언급했다는 이야기도 돌았다.

이런 일본의 '네거티브전'에 우리 정부도 열심히 맞서 싸웠다. 문 대통령을 포함해 정부 고위층들이 직접 발 벗고 나서서 다른 국가들을 상대로 선거운동을 펼쳤다. 특히 당시 외교부 수장이던 강경화 전 장관은 매일같이 다른 나라 장관들과 통화해서 유 전 본부장을 뽑아 달라고 읍소하는 게 일이었다. 하지만 이런 노력에도 불구하고 결국 WTO 사무총장 자리는 나이지리아 출신 응고지 오콘조이웨알라에게 돌아갔다.

　한국은 이전에도 두 차례 WTO 사무총장 자리에 도전한 바 있었 지만, 최종결선까지 오른 건 처음이었다. 비록 마지막 관문을 넘진 못 했으나 이 선거를 통해 한국의 드높아진 위상을 실감할 수 있다. 유 전 본부장의 개인기도 분명 작용했지만, 한국이 통상 분야에서 책임 있 는 역할을 할 수 있는 국가임을 전 세계에 보여준 계기가 되었다. 특히 일본이 우리를 그렇게 '열심히' 견제한 것은 단순히 과거사 등의 감정 적인 이유 때문만은 아니었을 것이다. 유 전 본부장은 선거 과정에서 이렇게 소회를 밝혔다.

　"한국이 164개국 회원국을 대상으로 충분히 가교 구실을 하고, 선 진국과 개도국 간 중간 역할을 하면서 다자무역체제를 자리 잡게 하 고, 세계 경기 회복을 이끄는 데 기여할 수 있다는 희망의 가능성을 봤 습니다."

'미라클 작전'은
기적이 아니었다

2021년 8월, 한국 외교사에 한 획을 그을 사건이 발생했다. '미라클 작전'으로 잘 알려진 아프간 조력자 탈출 작전이다.

8월 15일 탈레반이 아프가니스탄 수도 카불에 들이닥친다. 이미 부패하고 무능했던 아프간 정부는 속절없이 항복해버린다. 4월 14일 조 바이든 미국 대통령이 아프간 주둔 미군 철수를 선포한 뒤 넉 달 만이었다. 20년에 걸쳐 진행된 아프간 재건 사업은 하루아침에 무너져버렸다. 탈레반은 기다렸다는 듯 미국과 서방 정부에 협력한 자국민들에 대한 무자비한 보복을 예고했다. '우리를 몰아낸 자들을 도왔다'라는 논리다. 우리 정부도 오랜 기간 아프간 재건 사업을 도왔는데 여기에 협력한 아프간인 수백 명도 신변이 위험해진 상황이었다.

정부는 애초 이런 상황을 예상해 430여 명의 아프간 조력자들을 한국으로 데려오기 위한 물밑 작업을 진행해왔다. 하지만 탈레반의 카불 함락이 너무도 급작스럽게 이뤄지면서 국제공항이 폐쇄되고 정상적인 출국이 어렵게 되었다. 우여곡절 끝에 정부는 군 수송기를 보내 아프간인 391명을 무사히 구출한다. 이 중 절반 이상이 미성년자였고 태어난 지 한 살도 안 된 영아도 3명 있었다. '특별기여자'라는 이름으로 특수 비자를 발급받은 이들은 충북 진천의 국가공무원 인재개발원, 전남 여수의 해양경찰교육원에서 자립 프로그램을 이수하고 순차적으로 지역사회에 정착하고 있다.

:: '미라클 작전'? 기자들도 고개 끄덕인 이유

당시 조력자 구출에 성공한 나라는 미국, 영국, 프랑스 정도로 많지 않다. 일본은 자위대 항공기를 동원했으나 결국 실패했다. 탈출을 위해서는 일단 조력자들이 공항까지 자력으로 도착해야 했는데, 불가능한일이었다. 탈레반이 카불 곳곳에 검문소를 설치하고 시민들을 통제했기 때문이다. 일본의 자위대 항공기는 카불 공항에 대기하고 있었지만, 무사히 공항까지 도착한 사람이 한 명도 없었다고 한다.

　그러한 상황이었으니, 한국 외교관들은 불가능한 일을 가능하게 만든 셈이다. 구출에 성공한 뒤 정부는 이것을 '미라클 작전'이라고 명명했다. 처음엔 촌스럽고 다소 낯간지럽게 느껴졌던 게 사실이다. 하지만 뒷얘기를 들어보니 '기적'이 아니고서는 달리 표현할 수 없는 일이었다. 좀처럼 정부 정책을 칭찬하지 않는 기자들도 이때만큼은 보도자료에 나온 '미라클 작전'이라는 네이밍을 그대로 가져다 썼다.

가장 큰 성공 비결은 사명감이었다. 본부로부터 철수 명령을 받아 카타르로 피신해 있던 대사관 직원 중 일부는 조력자들을 구하기 위해 8월 22일 다시 카불로 들어간다. 김일응 주아프가니스탄 대사관 공사참사관과 경찰청에서 파견 나와 근무 중이던 대사관 경호단장 등 5명이 그들이다. 보통 결심으로는 할 수 없는 일이었다. 당시 카불 공항은 카오스였다. 전혀 통제가 되지 않았다. 공항 밖에선 탈레반이 채찍을 휘두르며 공항으로 들어가려는 사람들을 위협하고 있었다.

한마디로 '지옥행'을 기꺼이 자처한 것이다. 당시 경호팀장은 "나는 아이들도 크고 해서 괜찮다. 들어가겠다"라고 나섰다고 한다. 훗날 김 참사관의 개인사가 알려졌는데 마음이 짠했다. 부인과 사별한 김 참사관은 두 딸이 한국에 있었는데 딸들에게는 '미라클 작전'을 숨겼다고 한다.

당시 본부에서 진두지휘하던 최종문 차관, 현장에서 큰 역할을 한 김 참사관과 아프간 대사는 이른바 '중동통'이다. 이라크 등 다른 중동 지역에서 오래 근무해본 경험이 있거나, 관련 부서에서 깊은 지식을 쌓아왔다고 한다. 노련한 외교관들의 눈부신 성과라고 해도 과언이 아니다.

치밀한 전략도 바탕이 됐다. 특히 '버스 작전'이 유효했다. 대사관 직원들은 우여곡절 끝에 버스 4대를 대절했다. 모이기 쉬운 장소 두 곳을 정해두고 조력자들에게 '약속된 시간에 한 번에 탑승하라'고 당부했다. 탈레반은 제대로 된 조직이 아니어서 서로 소통도 안 되었다. 우리 대사관은 미국, 탈레반과 접촉해 조력자들의 여행증명서를 인정하고 공항을 무사통과시켜주기로 모종의 합의를 봤다. 하지만 탈레반이 언제 그랬냐는 듯 버스 탑승을 막을지 모르는 일이었다.

아니나 다를까, 버스 한 대가 탈레반에게 붙잡혀 14~15시간 동안 고립되는 사태가 발생했다. 조력자들이 미리 발급받은 여행증명서가 원본이 아니라며 트집을 잡은 것이다. 그 과정에서 탈레반에게 구타를 당한 사람도 있었다고 한다. 김일응 참사관은 기자들과의 만남에서 "버스에는 에어컨도 없었고, 창문 안에서는 밖이 안 보여 밀폐된 창고나 마찬가지였다. 버스 안에서 동이 틀 때까지 기다렸는데, 아이들은 울고…… 그게 가장 힘들었다"라고 회상했다.

천신만고 끝에 입성한 공항, 그야말로 눈물바다가 됐다. 당시 김일응 참사관이 한 아프간인을 껴안고 오열하는 사진은 큰 화제가 되었다. 이 대목을 기자들에게 전하던 김 참사관은 눈시울을 붉히며 채 말을 잇지 못했다. 김 참사관이 껴안은 대사관 정무과 현지인 직원은 매일 얼굴을 마주하던 사람이라고 한다. 김 참사관은 "특히 그 친구 얼굴이 많이 상해 마음이 아팠다"라고 했다.

개인적으로 기억에 남는 장면이 있는데, 우리 공군이 허리를 굽혀 수송기 탑승을 기다리고 있는 아기들을 살펴보는 모습이다. 우리 군

(왼쪽 위) 카불공항 애비게이트에서 한국행 아프간인을 찾고 있는 류부열 경호단장
(오른쪽) 미라클 작전의 화제의 주인공, 김일응 공사참사관과 현지인 직원
(왼쪽 아래) 아프가니스탄 공항에서 신생아를 돌보는 우리 군인

은 아기가 있다는 얘기를 듣고 수송기에 분유와 젖병, 기저귀까지 마련해 놓았다고 한다.

훗날 한 외교부 당국자는 아프간 조력자들이 한국인과 일하며 한국식 업무 스타일에 익숙해진 것이 이번 탈출을 성공시키는 데 큰 역할을 했다고 털어놓았다. 조력자들은 아프간에 지어 놓은 한국 병원과 직업 훈련소에서 일하던 유능한 직원과 그 가족들이었다. 수년간 한국인과 일하면서 정서가 많이 닮고, 서로에 대한 이해도도 높아졌다고 한다.

특히 체계화된 업무 시스템 덕분에 직원들의 연락망이 잘 정리돼 있었고, 그 덕분에 비상 상황에서 신속한 접촉이 가능했다. 즉각적으로 일목요연하게 메일로 의사소통하는 습관이 되어 있었기에, 한국행 의사를 묻고 필요한 서류를 주고받고 여행증명서를 발급받는 등 일련의 과정을 유례없이 빠르게 처리할 수 있었다는 것이다. 오랫동안 호흡을 맞췄고 서로를 인격적으로 대우하며 신뢰를 쌓아왔기에 가능한 일이다. 대사관 직원들도 카불을 떠나며 "꼭 다시 데리러 오겠다"고 약속했다고 한다.

:: 쓸쓸함이 공존했던 공항 풍경

그런가 하면 쓸쓸한 장면도 있었다. 취재진은 특별기여자가 입국하는 날 인천국제공항에서 이들을 기다렸다. 약속된 시간, 십 수 대의 카메라와 수십 명의 취재진이 숨죽인 채 입국장 자동문을 주시했다. 문이 열리고 처음 나온 이들은 여섯 살 정도의 남자아이와 부모였다. 이어서 곰인형을 꼭 껴안은 삼 남매가 호기심 가득한 눈으로 카트를 타고 나왔다. 히잡을 쓴 엄마는 갓난쟁이를 안고 있었다. 쉴 새 없이 카메라 셔터가 터졌다.

다들 전반적으로 지쳐 보였지만 한편으로 안도하는 모양이었다. 그런데 좀 이상했던 것은 이들의 옷차림이 너무 깔끔했다는 것이다.

남자들은 정장에 넥타이까지 맨 모습이 많았고, 몇몇 아이들은 목이 긴 양말부터 재킷, 교복을 완벽하게 갖춰 입었다. 탈레반이 장악한 도심을 목숨 걸고 탈출한 뒤 의자도 없는 군 수송기에 10시간 몸을 실은 사람들의 행색이라고 보기 어려웠다. 긴박했던 상황을 떠올리면 신발한 짝 제대로 신을 여유도 없었을 것이고, 손가방 몇 개에 평생의 살림살이를 욱여넣고 보금자리를 황급히 떠나야 했을 텐데. 그 와중에 옷차림에 신경을 쓸 수밖에 없었던 이유는 무엇일까.

단순히 이들 대부분이 의사, 교사, 개발자 등 엘리트 직업인이었다는 것만으로는 이해가 가지 않았다. 어쩌면 한국인의 눈에 비칠 첫 모습을 의식했던 건 아닐까 하는 생각이 들었다. 우리가 이슬람에 가져온 오랜 편견과 적대감을 너무도 잘 알고 있었기 때문이 아닐까 싶었다. 탈출을 앞두고 옷장에서 가장 좋은 옷을 꺼내 입는 이들의 심경을 생각하니 목이 메었다.

한편 공항에서 마주한 법무부의 태도도 여러 사람의 눈살을 찌푸리게 했다. 아프간인들이 도착하기 전부터 공항에는 법무부와 외교부, 국방부 관계자들이 모두 나와 있었다. 외교부에서는 최종문 제2차관이 보였는데 매우 긴장된 모습이었다. 기자들의 질문을 짧게 받은 뒤 서둘러 상황실로 이동했다. 실무적으로 처리할 게 많이 남아 있었기 때문에 축포를 터뜨리거나 미리 주목받기보다 당장 할 일에 집중하는 모습이었다. 당연했다.

법무부는 달랐다. 어디선가 시끄러운 소리가 들려 가보니 공항 내부 공용 무대인 밀레니엄홀이 한창 단장 중이었다. 박범계 법무부 장관의 기자회견이 예정돼 있다고 했다. 황당했다. 적어도 그때까지는 '미라클 작전'의 성공에 법무부 지분은 전혀 없었다. 법무부의 역할은 아프간인들이 한국에 발을 디딘 이후에 시작될 터였다. 비자 발급 등 체류자격을 부여하는 일이 법무부의 임무이기 때문이다. 그런데 마치 주인공인 양 요란하게 시선을 끌고 있었다. 냉큼 숟가락을 얹는 것 같은 태도에 현장에 있던 기자들도 고개를 절레절레 저었다.

더 황당한 일은 그 뒤에 벌어졌다. 박 장관과 법무부 관계자들은 공항에 도착한 아프간 아이들에게 선물을 주겠다며 인형을 들고 출국장 내부 보안 구역 안으로 들어갔다. 훈훈한 '그림'을 확보하기 위한 목적이 다분해 보였다.

보안 구역은 사전에 신원이 확인된 사람만 비표를 발급받아 출입할 수 있다. 그 때문에 기자들의 취재는 극히 제한돼, 외교부는 사전에 촬영기자들의 개인정보를 취합해 제출했다. 취재기자들은 코로나19 방역 때문에 아예 들어가지도 못했다. 아프간 사람들의 도착 장면을 찍기 위해 대기하던 촬영기자들은 법무부 관계자들이 카메라를 자꾸 가리자 비켜달라고 요청했는데, 법무부 관계자들이 "우리가 허가해줘서 당신들이 들어온 것"이라며 촬영을 어렵게 해 분위기가 험악해졌다고 한다.

　아무튼 법무부의 '인형 선물 증정식'은 계획대로 이뤄졌다. 낯선 사람이 건네는 인형을 받으며 아이들이 크게 기뻐하는 모습은 아니었지만. 그보다는 무거운 가방을 잔뜩 든 부모들이 커다란 인형까지 챙기느라 다소 힘겨워했던 모습이 떠오른다. 잔잔한 감동으로 마무리될 구출 작전의 마지막이 이렇게 끝날 줄이야. 과유불급이라는 말을 다시 한 번 되새긴 해프닝이었다.

유엔 가입 30주년,
은퇴한 외교관들이 전한 상전벽해

1991년 9월 17일, 미국 뉴욕의 유엔 본부에 태극기와 인공기가 동시에 계양됐다. 대한민국과 북한의 가입 결의안이 동시에 통과되었기 때문이다. 전쟁과 가난의 세월을 딛고 국제사회 일원으로 자리매김한 순간이었다.

남북은 유엔 가입 거의 40년 전부터 서로 경쟁하며 치열한 외교전을 벌였다. 2021년 개봉한 영화 〈모가디슈〉에는 이런 상황이 잘 드러나 있다. 유엔 회원국 중 상당수를 차지하는 아프리카 국가들을 회유하기 위해 남북 외교관들이 소말리아 모가디슈에서 죽을 고비를 넘기며 외교전을 펼치는 장면이 나온다. 대한민국의 유엔 가입은 소련과 중국의 반대로 번번이 좌절되어 왔다.

취재진은 30년이 지난 2021년 9월, 당시 상황을 생생히 기억하는 외교관들과 접촉했다. 그중 한 명인 이규형 전 주중 대사는 유엔 가입

추진 과정이 팽팽한 기싸움의 연속이었던 것으로 기억했다. 그는 당시 외교부 본부의 유엔 과장으로 각종 실무적 업무를 도맡아온 인물이다. 그는 좀처럼 풀리지 않던 외교전의 반전은 1988년 올림픽을 계기로 일어났다고 말한다.

당시 정부는 동서 냉전이 와해되는 시기를 유엔 가입의 계기로 삼으려는 나름의 전략을 구상한다. 국제적 흐름을 잘 활용해 올림픽을 계기로 소련과 중국을 우리 편으로 만들자는 것이었다. 우리 정부는 소련을 비롯한 동유럽 국가들의 올림픽 참가를 추진했지만 당해가 될 때까지 공식적 입장을 통보받지 못했다.

그런데 1988년 2월, 이 전 대사는 일본 도쿄 주재 소련 대사관의 한 서기관에게서 걸려온 전화를 받는다. 이 전 대사는 무언가 심상치 않은 기운을 느꼈다고 한다. 그동안 만나 달라고 해도 외면했던 소련 측에서 먼저 전화를 걸어온 게 이례적이었다는 것이다. 소련 측 서기관은 "외교관 모임에서 만난 사람인데, 좀 만나자"라고 운을 뗐다. 이어서 그가 내뱉은 말은 놀라웠다.

"소련 서기관이 '받아적어도 좋다'며 영어로 이렇게 말하더군요. 소련 정부는 1988년 서울 올림픽에 참가하기로 결정했다. 이를 공식적으로 한국 정부에 통보한다……"

이 전 대사는 그것이 공식적으로 소련의 88올림픽 참가를 전달받은 첫 순간이라고 했다. 유엔 가입을 위한 우리 정부의 물밑작전이 빛을 발하는 결정적 순간이었던 셈이다. 그는 "그 역할을 제가 맡게 돼 개인적으로 큰 영광과 행운이었어요"라고 말했다.

1990년 2월, 우리 정부는 소련과 수교를 맺고 그해 10월엔 중국과 무역대표부 설치에 합의하는 등, 동유럽 국가와 잇따라 국교를 맺으며 일련의 외교적 환경이 만들어진다. '통일된 뒤 하나의 나라로 가입하겠다'라는 주장을 고집할 수 없겠다고 판단한 북한 또한 남북 동시 가입에 동의한다.

2014년 유엔 안보리에서 북한을 주제로 심금 울리는 즉석연설을 해 유명해진 오준 전 유엔 대사도 유엔 가입을 위해 남북한이 경쟁하던 상황은 그야말로 '외교 전쟁'이었다고 회상했다. 그만큼 가입이 결정된 그날을 잊을 수 없다고 했다. 그는 당시 미국에서 연수 중 급히 파견되었다는데, 연수 직전 외교부 유엔과에서 유엔 가입 문제를 담당했기 때문이다. 그는 이렇게 회상했다.

"지금도 기억이 생생합니다. 9월이었지만 날씨가 좀 더웠거든요. 저는 그때 30대 젊은 외교관이었어요. 남북한 국기가 올라가는 걸 보면서, 아, 내가 외교부를 퇴직하기 전에 저 두 개의 국기가 하나로 합쳐지지 않을까? 그렇게 됐으면 너무나 좋겠다고 생각했습니다."

오 전 대사의 30년 전 바람과 달리 여전히 분단의 경계는 분명하다. 하지만 30년 동안 대한민국은 분명 여러모로 나아간 것이 확실해 보인다. 무엇보다 2021년 비로소 선진국 대열에 공식적으로 합류했다. 2021년 7월, 유엔무역개발회의UNCTAD가 한국을 선진국 그룹으로 격상시킨 것이다. UNCTAD가 출범한 뒤 개발도상국이 선진국으로 지위가 올라간 경우는 이번이 처음이다. 57년 만의 일이다.

오 전 대사는 취재진과의 인터뷰에서 "아프가니스탄, 미얀마 등 전 세계에서 분쟁이 끊이지 않는데 이제는 우리도 선진국으로서 어떤 기여와 역할을 할 수 있는지 새롭게 생각해야 할 때라고 봅니다"라고 강조했다. 선진국을 향한 첫 발짝, 어쩌면 지금부터 시작이라고 해도 과언이 아닐 것이다.

존 케리가 수시로 장관에 전화하는 나라

기후변화의 무게

한국의 외교부 장관은 전 세계에서 가장 바쁜 사람 중 한 명일 것이다. 독특한 지정학적 위치에 고질적인 북핵 문제까지, 정의용 장관의 전화기도 온종일 불이 난다. 그런데 의외의 인물이 정 장관에게 자꾸 전화를 건다는 얘기를 들었다. 바로 존 케리 미국 기후변화특사라고.

'의외'라고 생각한 점이 오히려 시대의 흐름을 읽지 못한 것일 수 있겠다. 조 바이든 정부는 초장부터 기후변화 이슈를 선도하려는 모습을 보였다. 오바마 정권에서 국무장관을 지낸 '거물급' 존 케리를 일찌감치 특사로 임명한 것만 봐도 그렇다. 취임 후엔 곧바로 도널드 트럼프 전 대통령이 탈퇴했던 파리기후변화협약에 재가입했다. 그러더니 수소 가격을 10년 안에 1킬로그램당 1달러로 낮추는 '수소샷' 프로젝트에 돌입하는 등, 본격적으로 박차를 가했다. 연일 논의를 수면 위로 올리며 환경 문제를 '안보'의 영역으로 격상시켰다.

처음에는 미국의 진정성을 의심했던 것이 사실이다. 특히 수소가 휘발유보다 저렴해지는 상황이 정말 가능할지 의문이 들었다. 미국 출장에서 관계자들을 만나고 온 정부 당국자는 "나도 의아했는데 미국 사람들은 충분히 가능한 얘기라더라"라고 전했다. 미국이 이 문제에 얼마나 '진심'인지 알 수 있는 대목이었다.

환경 문제는 미국과 중국이 유일하게 협력할 수 있는 분야이기도 하다. 2021년 11월, 영국에서 열린 유엔기후변화협약 당사국 총회 26차 회의에서 존 케리 특사와 중국 생태환경부 셰전화 기후변화사무특사가 회담을 갖고 공동 선언을 발표했다. 이례적이고 상징적인 행보였다. 미중 패권 다툼이 한창인 가운데 환경 분야에서만은 발톱을 감추고 협력하겠다는 의지가 돋보인 장면이었다. 실질적인 진전으로 이어지지는 못했다는 비판이 나왔지만, 전문가들은 그 자체로도 의미가 컸다고 평가했다. 미국의 강한 드라이브가 반감을 사기보다 응원을 받는 분위기인 것도 이 때문이다. 기후변화에 대한 공격적인 행보는 개별 국가의 이기심 차원이 아니라 인류 공존을 위한 몸부림이라는 인식이 크기 때문이다.

바이든 행정부는 한마디로 기후변화 선도국을 국가 브랜드화하려는 계획을 야심차게 세운 뒤 공격적으로 진전시키고 있다고 볼 수 있다. 그런데 이것은 혼자 할 수 있는 일이 아니다. 동맹국의 동참을 호소하고 압박하고 나설 것이 당연하다.

미국이 특히 한국에 기대는 이유는 따로 있다. '같이하기 딱 좋은 대상'이라서다. 개발도상국을 막 벗어난 기술 선진국이라는 점 때문이다. 탄소중립을 위해서는 개발도상국들의 희생이 불가피하다. 이제야 개발에 가속도가 붙은 신흥국들 입장에서는 석탄이 필수적인데, 미국과 유럽 등 '잘 사는 나라'들이 탄소제로를 외치는 건 사다리 걷어차기로 들릴 수 있다. 미국과 유럽은 탄소 국경세를 공식화하겠다는 방침까지 세웠고, 실제로 이에 대한 반발이 만만치 않다. 이런 상황에서 신흥국들을 설득하기 위한 좋은 방법은 그들과 비슷하거나 비슷한 전철을 밟아온 나라의 본보기다. 여기에 정확하게 들어맞는 나라가 한국이라는 얘기다. 게다가 미국의 최대 동맹국이기도 하지 않은가.

사실 우리는 제 코가 석 자다. 한국은 한때 세계 4대 '기후 악당 Climate Villain'으로 불렸다. 국민 1인당 온실가스 배출량이 너무 많은 데다 배출량에 대한 약속을 지키지 않았다며 영국 기후 관련 단체가 지어준 별명이다. 실제로 우리 정부는 2021년 5월에서야 탄소중립위원회가 출범했고 그해 9월 탄소중립기본법이 제정되는 등 정책적 대응이 늦었다. 지금도 '기후 악당'의 오명을 벗기엔 여러모로 부족해 보인다. 2021년 기후변화 대응지수에서도 전체 61개국 중 53위를 기록해 여전히 기후변화 대응 성적이 최하위에 머물고 있다.

단순히 동맹국인 미국의 보조를 맞추는 차원이 아니고서라도 기후변화에 협력해야 하는 이유는 자명하다. 당장 죽고 사는 문제가 되었을 정도로 환경 문제가 시급하기 때문이다. 2015년 체결된 파리기후변화협정은 2100년까지 지구의 평균 온도를 1.5도 이내로 제한할 것을 규정하고 있다. 사실 와닿지 않는 얘기인 게 사실이다.

그런데 외교부의 환경 담당 관계자의 얘기를 듣고 단박에 이해하게 되었다. 그는 "기온이 그 이상 오르면 북극 빙하와 아마존 우림이 사라지고, 미국 LA와 호주 시드니 등 대도시의 기온이 섭씨 50도까지 올라가게 될 겁니다"라고 강조했다. 그야말로 디스토피아가 한 세기도 남지 않았다는 것이다. 공상 과학 영화 속 한 장면이 당장 내 아이들의 눈앞에 닥친 현실이라는 섬뜩한 얘기였다. 상황이 이렇다 보니 매년 기록적인 경제성장률에 목을 매는 중국까지도 글로벌 협력에 적극적으로 동참하는 편이다. 전 세계가 사활을 걸고 '살아남기'에 몰두하고 있다.

문제는 이 목표가 달성하기 어렵게 됐다는 것이다. 2021년 기준으로 이미 지구 기온은 1.1도가 올라 상한선인 1.5도까지 고작 0.4도밖에 남지 않았다. 2021년 11월 유엔기후변화협약 당사국 총회에서는 더 암울한 연구 결과가 발표됐다. 미래를 예측해보니 1.5도 이내로 제한하자는 이 목표는 달성이 불가능하다는 것. 각국이 모든 서약 내용을 충실히 이행한다는 전제하에 2100년까지 1.8도가 오를 것이라는 시뮬레이션 결과가 나온 것이다.

21세기 전쟁
러시아의 우크라이나 침공

"진짜 터질 줄 몰랐다"

올해 들어 국제질서와 흐름을 바꾼 가장 중요한 사건은 단연 '우크라이나 사태'다.

2월 24일, 블라디미르 푸틴 러시아 대통령의 특별 군사작전 개시 명령이 선포되자 우크라이나는 하루아침에 초토화되기 시작했다. 러시아가 공격을 시작하면서 수도 키이우 등 우크라이나 주요 도시엔 미사일이 날아들었다. 러시아군이 쏜 총에 민간인이 죽어 나가기 시작했다. 세상에 나온 지 얼마 안 된 아기들도 예외는 아니었다. 가족들은 생이별했다. 아빠는 전쟁터로, 엄마와 아이는 울며 짐을 챙겨 국경 넘어 안전한 곳으로 대피해야 했다. 우크라이나에선 내 집이, 내 가족이, 내 나라가 사라지고 있었다.

사실 이런 전쟁이 터질 거라곤 우리 외교당국도 생각하지 못했다고 한다. 러시아와 우크라이나 사이에 전운이 감돌긴 했지만 '설마, 설마' 했다는 거다. 미국이나 중국도 마찬가지다. 물론 전쟁이 임박해서는 각 나라의 정보국들이 감지했겠지만 그런 움직임이 본격화되기 전까지는 진짜 전쟁을 예상하지 못했다는 얘기다.

일부 사람들은 우크라이나에서 전쟁이 벌어진 것은 안타깝지만 그저 '먼나라 이웃나라'의 일 아니냐고 말한다. 하지만 그렇다고만은 볼 수 없는 것이, 우크라이나 사태로 국제질서의 흐름이 바뀌고 있고, 그 과정에 한국이 취해야 할 태도도 미묘해지고 있어서다. 미국과 중국 간 골은 이미 깊어진 상황인데, 러시아의 우크라이나 침공 이후 미국을 중심으로 유럽연합EU 등 서방은 더 똘똘 뭉쳤고 중국은 러시아 뒤에 서면서 두 개의 진영으로 갈라져버렸다.

외교가의 한 인사는 "중국도 러시아가 이럴 줄 몰랐던 것 같다"며 "중국 입장도 난처해졌다"라고 했다. 미국을 중심으로 국제사회가 뭉치게 되면서 러시아와 더불어 중국도 '국제적 왕따' 대열에 합류했기 때문이다. 중국은 러시아와 반미 전선을 유지해야 하지만 이번에 저지른 러시아의 '만행'으로 무조건 러시아 편을 들기도 모호한 상황이 됐다. 하지만 미국과 한편에 설 수는 없는 노릇이니 중국도 이번 전쟁이 불편할 따름이다. 미국 역시 우크라이나 사태를 이용하고 있는 측면도 있다. 이 기회에 다른 국가들을 '내 편'으로 끌어모으고 있기 때문이다.

어쨌든 한국도 이번 우크라이나 사태로 골머리를 앓고 있다. 기업들의 피해 등은 물론, 경제적인 문제 외에도 우리 정부가 국제질서의 흐름 속에서 고민하는 흔적이 보였다. 전쟁이 발발하자 미국은 재빠르게 러시아 국책은행에 대한 금융 제재를 시작했고 대러 제재에 동참할 국가들을 모았다. 하지만 한국은 한발 늦게 합류했다.

정부는 전략물자 대러 수출 차단과 현지 금융기관 국제은행간통신협회SWIFT 결제망 배제 등의 독자 제재를 발표했다. 또 7개 주요 러시아 은행 및 자회사의 금융거래를 중지하고, 러시아 국고채에 대한 투자도 중단했다. 다만 이 조치들이 다른 국가보다 며칠 늦었기 때문에 일각에선 비판의 목소리가 나왔다. 조치가 늦은 것에 정부는 '기술적 문제'를 언급했다. 여한구 산업통상자원부 통상교섭본부장은 기자들과 만나 "우리의 수출통제 시스템은 미국과 다르다. 미국과 유사한 시스템을 가진 나라는 바로 시행할 수 있었지만, 한국은 미국과 사전 협의가 많이 필요했다"라고 설명했다.

하지만 그것이 꼭 기술적 문제만은 아니었던 것으로 보인다. 정부 입장에선 나름 정무적 고려가 필요했다. 제재에 동참하긴 해야겠으나 러시아에 진출해 있는 우리 기업들, 중국과의 관계 등도 고려해야 했다. 또 한편에선 북한도 염두에 두었을 거다. 지금 러시아 제재에 합류하고 나면 이후 대북 제재에도 동참해야 할 텐데, 남북관계를 중시

하는 우리 정부 입장에선 단순히 러시아 하나만 상대하고 말 사안이 아니었던 거다.

아무튼 한발 늦게나마 국제사회의 흐름을 따라갔고, 미국 등 많은 국가가 푸틴 대통령의 독주를 멈추게 하려고 압박을 계속하고 있지만, 생각보다 전쟁은 장기화되고 있다.

민간인 피해도
'가짜뉴스'라는 러시아 대사

러시아가 우크라이나를 공격한 지 나흘째 되는 날, 주한 러시아 대사의 기자회견이 있었다. 주한 러시아 대사관에서 기자회견을 하겠다는 연락에 '뭐 낀 놈이 성낸다더니…… 이 상황에서 러시아가 무슨 할 말이 있는 걸까?' 하는 생각부터 들었다. 외교부를 출입하면 간혹 다른 나라 대사관이나 공관 행사에 참석할 일이 생기는데 러시아 대사관은 처음이었다. 한 선배에 따르면 '정동 크렘린'이란 별명이 있다던데 정말 '정동길에 이런 건물이 있었구나' 싶게 웅장하면서도 보안이 철통 같았다. 본관 건물 위쪽에 위치한 커다란 쌍두독수리 문장이 유독 눈에 들어왔다.

건물 안으로 들어가는 과정은 까다로웠다. 몸수색은 기본이고 기자회견장 안에 가방이나 소지품은 가지고 들어갈 수 없다며 입구에 가방을 두고 들어가라고 했다. 회견장 안으로 들어가니 벽과 기둥 곳곳엔 금색 칠이 화려했다. 샹들리에와 바로크 양식 느낌의 가구 등도 인상적이었다. 마치 80~90년대 부잣집 거실에 들어와 있는 느낌이었다.

예정된 시간보다 10여 분 늦은 안드레이 쿨릭 주한 러시아 대사는 A4 용지 꽤 여러 장을 챙겨 들어와 기자들 앞에 마련된 자리에 앉았다. 그리고는 준비한 글을 한 시간도 넘게 읽어 내려갔다. 회견은 질의응답까지 포함해 한 시간 반이 넘도록 진행됐다. 러시아 대사는 우크라이나 침공에 대해 "이번 러시아의 특별 군사작전의 목표는 우크라이나의 탈군사화, 탈나치화"라고 말했다. 그러면서 "한국 매체들은 우크라이나 사태를 완전히 서방 시각에서만 보도하고 있어서, 객관적인 팩트 체크를 할 필요성을 느꼈다"라고 덧붙였다. 러시아는 북대서양조약기구(나토) 확장으로 인해 안보 위협에 놓였으며, 친러 분리주의 세력이 독립을 선언한 우크라이나 동부 돈바스 지역의 주민을 보호하기 위해 '특별 군사작전'을 벌이고 있다는 것이었다. "우크라이나 영토 점령은 계획에 없다"라고도 강조했다. 우크라이나 침공을 정당화하는 대사의 말을 한 시간 넘게 듣고 있었지만 전혀 납득되지 않았다. 솔직히, 무슨 말을 하는 건지 이해도 안 되었다.

대사는 언론에 '가짜뉴스'가 많다고도 주장했다. 민간인 사상자가 발생했다는 보도에 대해서는 "일부러 비극이 일어난 것처럼 만들려는 시도가 있다"라며 "군사시설에 어린이가 왜 있었는지 이해가 안 간다"

고 했다. 실제 들것에 실려 병원에 옮겨진 뒤 사망한 우크라이나 어린 아이의 모습도 이미 보도된 바 있는데, 쿨릭 대사는 이런 허무맹랑한 주장만 이어갔다.

러시아 제재에 동참한 한국 정부에 대해서도 경고했다. 남·북·러 3각 협력 사업(가스·철도·전기)을 언급하며 "러시아에 가해진 제재는 이런 프로젝트 추진에 아무런 도움이 되지 않는다. 그런 생각에서, 한국은 정말 이 모든 것이 필요할까에 대해 의심이 든다"라고 말했다. 남북 경제 협력에는 러시아가 필요한데 한국이 이런 식으로 나오면 어떠한 지원도 해줄 수 없다는 뜻이다.

예상은 했지만 러시아 측의 이런 기자회견은 정말 '적반하장'이 아닐 수 없었다. 기사로 말해야 하는 기자들이니, 회견장에서 황당한 주장을 하는 쿨릭 대사에게 화를 내진 않았다. 하지만 단언컨대 나를 포함해 현장에 있던 기자들 모두, 러시아의 주장이 말도 안 되는 걸 넘어 화를 돋우는 주장이라고 생각했을 것이다.

우크라이나
접경지역을 가다

러시아의 침공이 가시화되자 전 세계 취재진이 동유럽으로 몰렸다. 정부는 2월 13일부터 우크라이나를 여행경보 4단계인 입국 금지 국가로 지정했기 때문에, 한국 취재진은 우크라이나에 들어갈 수 없어서 루마니아와 폴란드 등 접경지에 베이스 기지를 마련했다. 나도 3월 말부터 17박 18일 동안 루마니아에 머물며 국경 지역을 돌아보고 피란민 수십 명을 만났다.

:: "한국은 어떤가요?" 이리나의 부끄러운 질문

그중 가장 기억에 남은 사람이 서른두 살 우크라이나 여성 이리나다. 루마니아 수도 부쿠레슈티의 한 시설에 다른 피란민 20여 명과 함께 머물고 있던 이리나는 영어와 루마니아어도 능통해서 피란민들을 인터뷰하는 데 큰 도움을 주었다. 하지만 좀처럼 본인의 얘기는 털어놓지 않았다. 나도 당연히 캐묻지 않았다.

한 시간 정도 함께 촬영하면서 마음이 많이 풀린 듯했다. 자신이 우크라이나 남부 해안 도시 오데사 출신이며, 그곳은 매우 아름답다는 얘기를 꺼냈다. '꼭 한 번 가보고 싶다'라고 말하니 처음으로 웃음을 보였다. 그렇게 우리는 몇 분 동안 서서 전쟁과 상관없는 이야기를 나누었다.

취재를 마치고 장비를 챙겨 센터를 나서는데 이리나가 마당까지 따라 나왔다. 내 손을 꼭 잡고 흔들며 작별 인사를 했다. 그러면서 하나 묻고 싶은 것이 있다면서 "한국 사람들은 이 전쟁에 대해 어떻게 생각하느냐?"라고 물었다. 나는 열심히 설명했다. 모두가 분노하고 있으며 매일 신문과 TV 뉴스를 통해 우크라이나 상황을 접하고 있다, 하루빨리 전쟁이 끝나기를 간절히 바라고 있다……. 그녀는 큰 눈에 눈물을 그렁그렁 매단 채 고맙다며 다시 한 번 내 손을 꼭 잡았다.

루마니아에서 취재하는 내내 이리나의 질문을 떠올렸다. "한국인은 어떠냐"라는 질문에는 행동으로 답하는 수밖에 없고, 그것을 위해 할 수 있는 건 있는 힘껏 보도하는 것뿐이다. 김민 영상취재기자 선배도, 현지 생활을 도와주신 김학배 코디네이터도 같은 마음이었다고 했다. 아무리 멀어도 잠을 줄이며 현장을 찾아다녔고, 최대한 많은 이야기를 카메라에 담기 위해 노력했다. 당연한 일이고, 또 우리만 그런 것도 아니었다. 현장에서 만난 봉사자들, 접경 국가의 공무원들도 그랬다. 국경지대에서 만난 한 봉사자의 얘기는 평생 잊지 못할 것 같다. 언론인 출신으로 은퇴 후 IT 기업을 운영 중인 60대 찰스는 인터뷰를 마치고 현장을 떠나는 나를 붙잡더니 이렇게 말했다.

"진, 이곳의 상황을 뉴스에 담아줘서 고마워. 당신 참 에너지가 좋네. 그 에너지를 간직해. 아니 우리 모두 간직하자고. 당신은 뉴스를 하고 난 여기서 짐을 나르는 거야. 그렇게 해야만 악마를 물리칠 수 있을 거야. 항상 선한 편에 서자고."

찰스가 하루에 피란민의 캐리어를 1,000개씩 나르고, 내가 매일 3분짜리 뉴스 리포트를 최선을 다해 만든다 해도 전쟁이 쉽게 끝날 리는 없다. 하지만 이런 노력이 피란민들의 부서진 마음 어딘가를 아주, 아주 조금이라도 어루만질 수 있다면 기꺼이 모든 것을 하겠다는 마음. 그런 결의 같은 것이 국경지대에서 각자의 일을 하는 모든 사람에게 팽배해 있었다. 그 분위기가 피로와 무력감을 잊게 했다.

그런데 여기에 찬물을 끼얹는 소식이 전해졌다. 4월 11일 볼로디미르 젤렌스키 우크라이나 대통령이 한국 국회에서 화상 연설을 했는데 국회의원 300명 중 50명만 참석했다는 내용이었다. 젤렌스키 대통령은 앞서 미국과 일본 등에서도 연설을 했다. 의원들은 좌석을 가

득 채웠고 연설이 끝난 뒤엔 기립박수가 쏟아졌다. 반면, 한국의 국회
도서관 강당은 듬성듬성 비어 있었다. 기립박수는 당연히 없었다. 참
담했다. 이리나가 혹시 이 장면을 봤을까, 부끄러워서 잠을 이룰 수 없
었다. 러시아 관료들은 기다렸다는 듯 이 사례를 들며 '한국이 우크라
이나를 외면했다'라고 호도했다. 국제 망신이었다.

국경에선 분노가 터져 나왔다. 특히 우크라이나에 살던 한인 선교
사들은 뼛속 깊이 절망을 느꼈다고 했다. 외교부의 출국 명령에 한국
인 선교사들은 대부분 우크라이나를 빠져나왔지만 멀리 가지 않고 몰
도바, 루마니아 등 주변국에 머물면서 난민을 돌보고 있었다. 일부 제
3국 국적을 가진 선교사들은 여권법의 적용을 받지 않기 때문에 우크
라이나에 남아 현지인들을 도왔다. 목숨을 건 일이었다. 취재 도중 선
교사들의 도움을 많이 받았던 나는 이들을 통해 참된 종교인의 숭고
함을 처음 느꼈는데…… 그렇게 묵묵히 봉사해오던 이들이 단체로 울
분을 터뜨린 것이다. 한 선교사는 "한국 국회의원들이 보인 태도는 이
후 한국과 유럽 서방과의 관계, 우크라이나와의 관계에 부정적인 영
향을 미칠 것이다. 선교사들의 사역에도 그럴 것이다"라고 토로했다.

우크라이나는 두 달이 넘도록 결사 항전을 이어가고 있다. 군인,
피란민, 당국자, 봉사자, 언론인 모두 각자의 자리에서 고군분투 중이
다. 이런 가운데 우리 국회의원들의 경악할 만한 모습은 모두에게 큰
상처로 남을 것 같다. 왜 항상 부끄러움은 우리의 몫인가.

접경지 출장 14일째. 취재를 마치고 숙소로 복귀하기 위해 루마니아의 국경 지역인 시레트의 외곽 도로를 달리고 있을 때였다. 끝이 보이지 않는 황량한 들판에 드문드문 작은 마을이 보이는 전형적인 유럽의 시골길이었다. 현지에서 통역과 섭외를 도와주는 코디님 스마트폰의 교민 카톡방에 흥미로운 글귀가 떴다. 주 루마니아 대사관 홈페이지의 공지사항이었는데 내용은 이랬다.

'최근 우리 국민이 루마니아와 우크라이나 국경지대 인근 도시 시레트 지역을 방문, 국경을 배회하다 본인의 실수로 인하여 우크라이나 국경을 무단으로 월경한 사례가 발생하였습니다.'

대사관은 '루마니아와 우크라이나 국경선의 90퍼센트가 철책 등 물리적 장치가 없어서 조금만 부주의해도 우발적으로 월경하게 될 가능성이 높다'라고 경고하고 있었다. '특히 우크라이나 전쟁으로 경계가 삼엄하니 영상 촬영 등 의심되는 행동을 절대 하지 말아달라'고 당부했다. 그 밖에 누가, 왜, 어떻게 월경을 했는지에 대한 구체적 설명은 없었다.

몇 가지 단어가 마음에 걸렸다. 배회, 실수, 영상 촬영…… 현지에서 25년을 거주한 코디님도 "아니 이런 시골에서 한국인이 '배회'할 일이 뭐가 있어요. 보세요, 여기는 관광지도 아니고, 이상한 일이네"라고 황당해했다.

내막을 알고 보니 유럽 여행 중인 한국인 유튜버가 일으킨 소동이었다. 여행 채널을 운영하는 유튜버 A씨는 2022년 1월부터 유럽 여행을 시작했다. 4월 초엔 루마니아 접경지역을 찾았다고 한다. 어느 날 국경 인근을 여행하다 길가에 차를 세웠고, 구글 지도를 보며 목표 지점으로 걸어가다 실수로 국경을 넘었다는 게 A씨의 주장인 것으로 취재됐다. A씨는 "수풀을 헤치고 가다 보니 누군가 손짓을 했다. 루마니아 경찰인 줄 알고 가봤는데 나중에 우크라이나 국경경비대라는 걸 알게 됐다"라는 취지로 해명했다고 한다.

외교부는 2022년 2월 13일부터 우크라이나를 여행경보 4단계, 여행 금지 지역으로 지정했다. 허가 없이 들어가면 벌금 1,000만 원 혹은 징역 1년 이하의 형사 처벌을 받을 수 있다. 여권 무효화 등 행정 제재도 가능하다. 다만 의도성 여부가 관건인데, A씨는 차 안에 짐을 놓고 국경을 넘었다고 했다. 외교부는 A씨의 월경을 의도성 없는 단순 실수로 결론 내렸다. 결국 처벌로 이어지지는 않았고 계도 수준으로 사태가 마무리됐다.

한마디로 '해프닝'이었던 것인데, 이 내용을 기사화하자 온라인에선 한바탕 토론이 벌어졌다. 이런 시국에 국경 근처를 간 것 자체가 순수한 의도로 볼 수 없다, 조회 수를 높이기 위한 무리수가 아니었겠느냐는 비판이 나왔다. 반면 38선의 경계가 분명한 반도 국가인 우리나라와 달리 유럽은 국경의 경계를 구분하기 어려워 충분히 실수할 수 있다는 의견도 상당했다.

실제로 취재진이 둘러본 시레트 인근 국경지대는 철책이나 담장 없이 두 나라가 들판으로 이어져 있었다. 국경 검문소가 있기는 했지만 일부에 불과했고 구간 대부분은 개방돼 있었다. 우크라이나 마을이 한눈에 보이는 곳도 있었다. 하염없이 걷다 보면 충분히 누군가의 저지 없이 국경을 넘을 수 있는 환경이었다. 당시 김민 영상취재기자가 이 모습을 실감 나게 카메라에 담아주었는데, 까마귀 한 마리가 조롱하듯 두 나라 사이를 오가는 모습이 포착된 기억이 난다.

우크라이나 국경지대에서 취재 중인 김민 영상취재기자

:: 뱃삯 1500원이면 갈 수 있던 우크라이나

사실 누구보다 우크라이나에 들어가고 싶었던 사람들은 취재진이 아닐까 한다. 우크라이나 땅을 코앞에 두고 발길을 돌려야 했던 적이 한두 번이 아니다. 루마니아 동부의 이삭체아라는 국경지대를 방문했을 때도 그랬다. 400미터 너비의 다뉴브강을 사이에 두고 우크라이나와 루마니아가 국경을 맞댄 곳이었다. 강 건너 우크라이나 깃발과 검문소 건물이 선명히 보였다. 하루에 12번 오가는 배를 타면 10분 만에 우크라이나에 갈 수 있었다. 뱃삯은 한 사람당 1유로, 1500원도 안 되는 돈이다. 김민 선배와 함께 "모른 척 배를 타고 건너갔다가 올까?" 하는 고민도 했던 게 사실이다. 전쟁을 취재하러 왔다면서 정작 현장과 너무도 동떨어져 있다는 갈증에 매일 시달리던 터였다. 하지만 법을 어길 수는 없어서, 결국 선착장에서 아쉽게 방송을 마쳐야 했다.

우크라이나에 갈 수 있는 방법이 아예 없지는 않았다. 앞서 외교부가 한 차례 예외적 여권 사용 허가를 내려주기는 했다. 하지만 한국 대사관이 임시로 대피한 우크라이나 서부 체르니우치라는 도시를 벗어나지 말아야 하고, 단 2박 3일만 머물 수 있다는 조건이 따랐다. 전쟁은 파주에서 났는데 제주도에서 취재하라는 것과 같은 얘기다. 그마저도 '생명·신체에 대한 위해 또는 재산상 불이익 등에 대한 모든 책임은 전적으로 본인에게 있음을 인정하고, 이에 동의한다'라는 내용의 각서를 써야 했다.

물론 체르니우치도 수시로 경보음이 울리는 등 팽팽한 긴장감 속에 전쟁에 대비하고 있었지만 후방이었다. 총탄이 날아다니고 민간인의 시신이 거리에 널브러진 격전지 상황과는 너무나 달랐다. 결국 한국 취재진은 대부분 3월 말에서 4월 초 한 차례씩만 체르니우치를 방문했다. 그나마 언론은 상황이 나은 편이었다. 대한적십자사는 구호활동을 위해 입국 신청서를 냈지만 결국 허가를 받지 못했다고 한다 (2022년 4월 기준).

현장에서 "하루빨리 종전돼 우크라이나 수도 키이우에서 중계방송을 할 수 있게 되기를……"그런 바람을 참 많이 나누었다. 공명심 같은 게 아니다. 현장을 목숨처럼 여기는 기자들의 본능이다. 하지만 전쟁이 끝난다고 해도 우크라이나에 내려진 '여행 금지' 규정이 해제되기까지는 긴 시간이 걸릴 것 같다. 키이우 주변에는 러시아군이 후퇴하며 보복하듯 뿌려놓은 지뢰, 흉물처럼 남은 불발탄들이 가득하다. 이걸 제거하는 데만 몇 개월이 걸린다고 한다. 아무쪼록 더 이상의 민간인 피해 없이 전쟁이 끝나고, 언론의 자유로운 출입도 가능해지길 기도해본다.

의용군에 골머리 앓는 외교부

유튜버이자 전 해군특수전단 대위 출신인 이근 씨가 SNS에 사진과 글을 올리며 '의용군' 논란에 불을 붙였다. 처벌을 받더라도 우크라이나에 가서 의용군으로 참여하겠다고 한 것이다. 우크라이나는 러시아와의 전쟁이 길어지자 자원 외국인 의용병들로 구성된 '국토방위군 국제여단'을 창설했다. 우크라이나군 인력에 보탬이 되고자 해외 곳곳에서 많은 사람이 의용병으로 자원했고, 그중에는 우리 국민도 여럿 포함돼 있다. 이근 씨 역시 이 그룹에 속해 있었다.

목숨을 걸고 의용군에 참여하겠다 결심하기까지, 매우 어려웠을 것이고 분명 값진 결정이다. 하지만 우리 정부 입장에선 그들을 마냥 칭송할 순 없다. 외교부는 의용군 참가를 위해 위험지역인 우크라이나에 무단 입국하는 국민이 나오자 '무단 입국 시, 여권법에 따라 최대 1년의 징역에 처할 수 있다'라는 경고까지 했다. 하지만 일부 국민은 이를 무시하고 나중에 벌을 받더라고 일단 가보겠다'며 출국하는 사레들이 나왔다.

　나는 우크라이나 국제의용군 대변인과 직접 인터뷰를 시도했다. 전반적인 우크라이나 의용군 상황도 궁금했지만, 무엇보다 한국인 의용군들의 근황이 알고 싶었기 때문이다. 우선 텔레그램을 통해 다미엔 마그루 국제의용군 대변인과 이야기를 나눴다. 화상 인터뷰 스케줄을 의논하면서 혹시 주말도 괜찮은지를 물었더니 "전쟁 중인 상황에서 주말이 어디 있겠냐"라는 답이 돌아왔다. 이후 우리는 화상 인터뷰를 통해 보다 많은 대화를 나눌 수 있었다.

　"국제여단에 들어온 이들은 실제 전투 관련 임무를 맡고 있고 전선에 배치됩니다. 군의관, 저격수, 유탄 발사나 대전차 운용 등 각 부대별로 조금씩 역할이 다를 순 있습니다. 한국 사람들도 다른 병사들과 마찬가지로 투입돼 있습니다."

　한국인들도 이미 실전 상황에 투입돼 있다는 뜻이었다. 국제여단에서는 전투 경험이 없는 사람들은 지원해도 받지 않는다고 했다. 경험이 없으면 훈련 후 전선에 배치해야 하는데 그럴 여력이 없다는 것이었다. 러시아군과 전투가 치열해지는 상황이라 의용군 지원자가 줄지는 않았냐는 질문에 "오히려 꾸준히 늘고 있다"고도 답했다.

　이근 씨와 관련해서는, 기존에 이씨가 현지에서 '기밀 임무를 수행 중'이라며 SNS를 통해 전해온 근황에 대해 확인해줬다. 다만 한국인 의용군의 구체적인 숫자나 근황에 대해선 말을 아꼈다. 특히 의용군이 언론과 인터뷰하는 것에 대해서는 굉장히 민감해했다. 국제여단 소속 의용군은 언론과 인터뷰할 수 없다는 지침을 정해놨다는 것이다. 마그루 대변인은 우크라이나가 잘 버티곤 있지만, 미국 등 국제사회의 도움이 절실하다며 지원을 요청했다.

"전투기와 방공시스템, 대함유도탄 등이 우크라이나에 정말 필요합니다. 전 세계가 보고 있는 만큼 이건 세계대전입니다. 전 세계에 책임이 있습니다."

우크라이나에서 벌어지고 있는 일이야말로 전 세계가 관심을 두고 도와야 마땅하지만, 국가마다 자국민의 생명이 더 중요한 건 당연하다. 특히 의용군 신분으로 러시아군에 포로로 잡힐 경우, 신변 안전은 장담할 수 없어진다. 외교 문제로 번지는 것인데 이런 최악의 상황에서는 우리 외교당국도 할 수 있는 일이 거의 없다. 때문에 외교부는 의용군에 대해 연일 '경고'를 날렸다.

한 번은 외교부가 기자들에게 '우크라이나 전쟁에 의용군으로 참여하고 있는 우리 국민 중 사망자가 있다는 첩보를 입수했다'라는 공

지를 보내왔다. 기존의 외교부 방식과 다른 패턴이라 의아했다. '첩보 수준인데 공식 공지를 보낸다고?'

외교부의 경우, 사실로 확인된 내용도 기자들이 문의하기 전까진 설명하지 않는 경우가 많다. 그런데 무려 사실 확인도 아닌 '첩보 수준' 단계에서 기자 전체에게 공지를 보낸 것이다. 외교부 당국자는 이런 배경에 대해 "우리 국민의 안전이 중요하기 때문에, 국민 안전 문제 관련 경각심을 가질 필요가 있다는 차원에서 이해하면 된다"라고 설명했다. 즉 국민들에게 '이만큼 위험하니까 제발 좀 하지 마시오' 이런 경고장을 날린 셈이다.

2019년 2월 28일 오전 3시.

나는 북한 김정은 위원장이 머물던 베트남 하노이 멜리아 호텔 앞에서 대기 중이었다. 북미 정상회담을 반나절 앞둔 하노이의 새벽 공기는 생각보다 차가웠다. 아침 뉴스 원고를 쓰는데 생소한 느낌의 피로가 몰려왔다. 몰아치는 취재 일정 탓은 아닌 것 같은데…… 졸음을 이겨내기 위해 냉기를 한껏 들이마신 순간, 몸 상태가 예사롭지 않다는 것을 직감했다. 내가 엄마가 됐다는 자각은, 그렇게 역사적인 순간 역사적인 장소를 배경으로 각인됐다.

나중에 들은 얘기인데, 평양을 방문한 마이크 폼페이오 당시 미국 국무장관에게 김정은 위원장은 "내 아이들이 평생 핵을 이고 살아가길 원치 않는다"라고 말했다고 한다. 그 말은 진심이었을까, 말속임이었을까.

나 역시 내 아이가 '핵을 이고 사는 나라'를 주적으로 둔 국가에서 살게 하고 싶지 않다. 분단국가 시민이 안고 사는 긴장과 적대감 같은 정서를 물려주고 싶지 않다. 비핵화의 물꼬가 트인다면 조금은 희망의 단초가 보이지 않을까. 지금 여기서, 상상도 못했던 만남이 시작되고 있지 않은가 말이다. 그래서 저 두 괴짜의 담판이 희망적이기를, 처음으로 간절히 바랐던 것 같다.

2022년 새해 벽두부터 TV에서는 북한의 미사일 실험 발사 소식을 전하는 뉴스가 요란하다. '하노이 결렬'을 기점으로 남·북·미 관계는 악화일로를 걷고 있다. 비핵화의 시계는 2017년으로 돌아간 듯하다. 선배가 출간을 제안했을 때 잠시 고민됐던 것도 그 때문이다. 모든 서사가 결국 '실패'로 귀결되는 건 아닐지, 그렇다면 이 책이 무슨 의미가 있을지…….

마음을 고쳐먹게 된 건 노트북 속 '정보보고' 파일을 찬찬히 들여다보고 나서다. 취재를 하다 보면 뉴스에 담기 어렵지만 묵혀두기엔 아까운 정보들이 쌓인다. 정부부처 내부의 은밀하고 날카로운 소문들, 엄숙한 협상장 뒤에서 벌어진 피 튀기는 신경전, 기자들만이 볼 수 있던 현장 속 단서들…… 기자들은 이런 것을 부지런히 긁어모아 일주일에 한 번 상부에 보고한다.

지난 5년간의 정보보고는 다시 읽어도 재미있었다. 보고마다 진득한 땀 냄새가 배어 있었다. 유례없는 외교 이벤트가 잇따라 열렸기 때문에 가능한 일이었다. 삭막한 외교가에도 모처럼 생생한 현장이 펼쳐졌다. 방송국에선 '장이 섰다'라고 표현한다. 취재 반경이 확 넓

어졌다. 정부 당국의 결재라인 밖으로 새나오는 쏠쏠한 정보도 그 어느 때보다 많았다. 발로 뛰고 열심히 듣고 많이 만나면 그만큼 고급 정보가 모였다. 기사 쓸 맛 나던 시절이었다. 나는 배가 남산 만해질 때까지 현장을 누볐다.

부족하지만 노트북에서 잠자고 있는 흥미로운 에피소드들을 끄집어내보자 결심한 건 그 때문이다. 이 책에 담은 대부분의 주제가 현재진행형이라는 점도 집필에 가속도를 붙게 했다. 비핵화와 한미동맹, 한일 과거사 문제, 아프가니스탄 전쟁과 기후변화 등 국제 이슈까지…… 고스란히 새 정부가 풀어야 할 과제다. 쓰고 보니 부족한 점이 많이 보이는 것도 사실이지만 한편으론 자부한다. 정치색을 배제하고, 현장에서 보고 들은 것 중 사실 확인을 거친 내용만 선별해 담았다.

책을 쓰는 사이 많은 일들이 있었다. 우크라이나 전쟁은 두 달 넘게 지속되고 있다. 접경지역에서 울부짖는 피란민들을 인터뷰하며 3년 전의 감정을 떠올렸다. 컴컴한 어둠 속에서 멜리아 호텔의 불빛을 바라보던 때 말이다. 내 아이, 내 가족이 안전하고 행복한 삶을 이어가기 위해서는 결국 온 세상이 좀 더 나아져야겠구나……. 정상회담 합의문에 매번 담기지만 와닿지 않았던 '평화'라는 개념이 먼 얘기가 아니라는 것을 깨닫는다.

　온 세계는 이 이루기 어려운 가치를 수호하기 위해 고군분투 중이다. 외교는 우리의 삶과 동떨어져 있지 않았다. 단순히 성공 혹은 실패로도 단정 지을 수 없다.

　가치 있는 프로젝트의 일원이 되게 해준 정제윤 선배, 초보 작가에게 힘을 북돋아준 율리시즈 덕분에 귀한 깨달음을 얻었다. 바쁜 엄마이자 아내인 나를 이해와 사랑으로 보듬어준 가족들에게는, 이 미안함과 고마움을 어떤 단어로 표현할 수 있을지 모르겠다. 무엇보다 매일 아침마다 반갑지 않은 전화에 시달렸을 외교·통일 분야 당국자와 전문가들께 존경의 마음을 전한다. 결과가 어찌 되었든, 내가 본 현장에서 그들은 항상 최선을 다하고 있었다.

신 진

청와대 마지막 대통령
5년의 외교 비하인드

초판 1쇄 발행일 2022년 5월 31일 | **지은이** 정제윤, 신진 | **펴낸이** 김현관 | **펴낸곳** 율리시즈
책임편집 김미성 | **디자인** 진혜리 | **종이** 세종페이퍼 | **인쇄및제본** 올인피앤비
주소 서울시 양천구 목동중앙서로7길 16-12 102호 | **전화** (02) 2655-0166/0167
팩스 (02) 6499-0230 | **E-mail** ulyssesbook@naver.com | **ISBN** 978-89-98229-99-3 03340
등록 2010년 8월 23일 제2010-000046호 | ⓒ 정제윤, 신진, 제이티비씨(주), 2022